日本の遺跡 3

虎塚古墳

鴨志田篤二 著

同成社

虎塚古墳全景

馬渡埴輪製作遺跡全景

虎塚古墳石室内部を玄門部より見る

虎塚古墳石室内壁画

（東壁壁画）

（西壁壁画）

（奥壁側より
玄門部内側を見る）

虎塚古墳出土遺物

十五郎穴横穴墓群（指渋支群）遠景

十五郎穴横穴墓群出土の黒作大刀

写真　全てひたちなか市教育委員会提供

目　次

カバー写真　虎塚古墳石室内壁画
装丁　吉永聖児

虎塚古墳

はじめに

二〇〇四（平成十六）年、埋蔵文化財の保存に対する重大なニュースが相次いで発表され、大きな衝撃を与えた。

一つは、奈良県高市郡明日香村に所在するキトラ古墳の壁画を剥ぎ取り、石室外に移して保存する記事と、もう一つは同じ明日香村の高松塚古墳壁画の劣化問題である。両古墳とも七世紀終末から八世紀初頭に築造された円墳で、極彩色の壁画が描かれており、発見以来国民の注目を集めている重要な古墳といえよう。

高松塚古墳は、一九七二（昭和四十七）年に発掘調査が行われ、凝灰岩の切石を組み合わせた横口式石槨が発見された。石槨の壁面には漆喰が塗られ、天井部に天極五星ほか、壁面には、日月・四神・人物群像が描かれている。古墳は特別史跡、壁画は国宝、石槨内部から発見された海獣葡萄鏡などの副葬品は重要文化財に指定されている。

キトラ古墳は、一九八三（昭和五十八）年三月、石槨にファイバースコープを入れて、四神の玄武が描かれているのが発見され、壁画があることが初めて確認された。さらに、その後の一九九八（平成十）年三月の調査で、青龍や白虎などの四神や東アジア最古の精巧な天文図や、十二支の獣頭人身像など次々と壁画が確認され、注目されている。

このように両古墳ともわが国を代表する壁画をもつ古墳であるが、高松塚古墳は、壁画発見と同時に半永久的に壁画を守ることを目的とした施設を建設し、壁画はだれの目にも触れることなく今日にいたっている。ところが、二〇〇四（平成十六）年六月に壁面がいちじるしく劣化に直面していることが報道された。さらに、四神のなかの白虎の輪郭が消えかかっていたほか、多くの個所に退色・汚れ・剥落などの劣化や東壁の女子群像近くをはじめ石室内の三カ所で黒カビの発生が見つかっている。

キトラ古墳は、現在、壁画の状態が非常に悪く一部は壁面から漆喰が大きく浮き上がり、剥がれるなど最悪の状態で、すでに壁画の一部は剥ぎ取り作業が行われている。埋蔵文化財を現地で保存するという文化財保護の原則とは裏腹に、文化財の保存がいかに困難なものあるかということをこの二基の古墳は如実に示している。

今日、保存科学という分野が確立したのは高松塚の壁画発見がきっかけであったはずである。

ひたちなか市中根に所在する虎塚古墳は、高松塚古墳の壁画発見に遅れること一年半後の一九七三（昭和四十八）年八月に発掘調査が行われた。

調査は勝田市（現、ひたちなか市）史編さん委員会の原始古代部会（部会長・大塚初重明治大学教授―当時）が中心となり実施された。

古墳は、全長五六・五㍍の前方後円墳で、調査開始後、数日をもって第Ｉトレンチが位置する後円部南側に開口する横穴式石室が確認された。

石室の位置が確認されると閉塞石の前面に土嚢が積まれ、開扉前に土中の温度・湿度・細菌などの保存科学を目的とした調査が東京国立文化財研究所によって行われた。

横穴式石室内部には、白色粘土で下塗りを施した後、コンパスによる円文などを線刻し、その上にベンガラ（酸化第二鉄）を顔料として、円文、環状文、三角文などの幾何学文様と靫《ゆぎ》、鞆《とも》、大刀などの武器・武具が描かれた装飾古墳であった。

前方後円墳で、彩色の装飾壁画をもつ古墳は東日本では最初の発見である。

このように虎塚古墳は、未開口石室内部の保存科学調査をわが国で最初に実施した古墳として、さらに装飾古墳を学術調査によって見出した点において考古学史上重要な意味を有しているものである。

また、装飾壁画が発見されると同時に、考古学者、科学者、地盤工学者、建築設計者、地元代表などによって構成される保存対策会議が組織された。保存対策会議において十分な審議を行った後、一九八〇（昭和五十五）年に公開施設がつくられ、毎年春と秋の二シーズン、その年の気象条件を勘案して石室公開日を決めて一般公開を行っており、文化財の保存と活用という文化財行政の両面から取り組んでいる全国でも数少ない古墳の一つといえよう。

I　虎塚古墳の位置と歴史的環境

1　虎塚古墳の位置

虎塚古墳は、茨城県ひたちなか市大字中根字指渋《さしぶ》三四九四番地一に所在する全長五六・五㍍を測る前方後円墳である。

虎塚古墳の周辺には、笠谷《かさや》古墳群、県指定史跡十五郎穴《じゅうごろうあな》横穴墓群などの遺跡がつづき、原始から古代にかけての一大奥津城を形成している。

虎塚古墳が位置するひたちなか市は、茨城県の北東部に位置し、面積九九・〇三平方㌔を有し、一九九四（平成六）年十一月三日に、旧勝田《かつた》市と旧那珂湊《なかみなと》市が合併してできた新しい街である。

市域は、栃木県那須岳に源を発し、茨城県のほぼ中央を貫流する那珂川が太平洋に注ぐ左岸河口に位置する。ひたちなか市は、この那珂川と久慈川にはさまれた那珂台地の南側の一画を占め、標高二五〜三〇㍍の台地と、この台地を浸食して形成された沖積低地により成り立つ平坦な地形を呈している。市域には那珂川の支流、中丸川・大川・本郷川の三本の河川が北西から南東方向にほぼ平行して流れ、肥沃な沖積低地を形成している。

図1　虎塚古墳の位置

虎塚古墳は、東側、南側の台地突端部を本郷川によって、また西側を中丸川によって浸食された東中根台地上に位置する。古墳は、標高一九・五〜二一・〇㍍のなだらかな傾斜を呈する台地南側縁辺部に前方部を北西に、後円部を南東に向けて築造されている。

古墳の周囲は、緑豊かな自然に恵まれ、畑作は全国一の生産量を誇る「かんそう芋」の産地として知られ、きびしい北風が吹く天候のなかでの芋干しの風景は冬の風物詩の一つとなっている。

2　虎塚古墳群

虎塚古墳群は、本郷川右岸に沿うような形で前方後円墳（第一号墳）を盟主に、円墳（二基）、方墳（二基）、墳形不明（一基）の六基から構成される。

第一号墳　虎塚古墳（第一号墳）は本古墳群中唯一の前方後円墳で、一九七三（昭和四十八）年に発掘調査が行われ、後円部南側に開口する横穴式石室から装飾壁画が発見された。

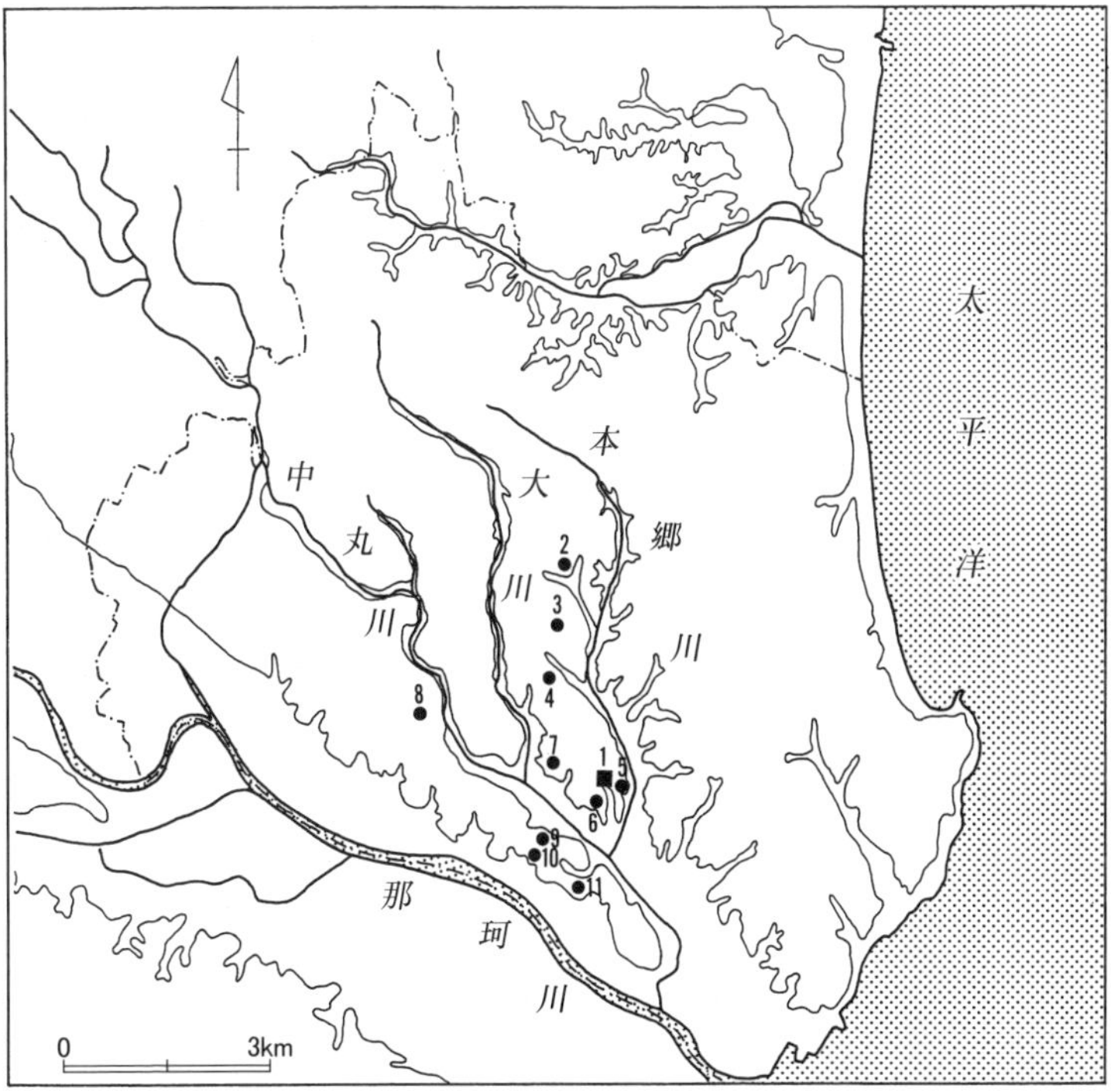

図2　虎塚古墳周辺主要遺跡

1：虎塚古墳　2：馬渡埴輪製作遺跡　3：後野遺跡　4：君ケ台貝塚
5：十五郎穴横穴墓群　6：笠谷古墳群　7：東中根大和田遺跡　8：遠原貝塚
9：三反田蜆塚貝塚　10：三反田遺跡　11：下高井遺跡

第二号墳　第二号墳は、虎塚古墳の南側三〇〇㍍の距離を隔てて位置し、茨城県指定史跡十五郎穴横穴墓群指渋支群の直上に立地する。第二号墳の規模は、目測で直径二〇㍍、高さ二・〇㍍で、南側を除く周囲には、周堀が肉眼でも観察できる。南側裾部は、崖面となり、横穴墓が少なくとも三段にわたって穿たれている。未調査であるが近接する横穴墓群とのかかわりが注目される古墳といえよう。

第三号墳　第三号墳は、虎塚古墳の北西四五〇㍍に位置し、西側八〇㍍の距離を隔てて第四号墳が存在する。

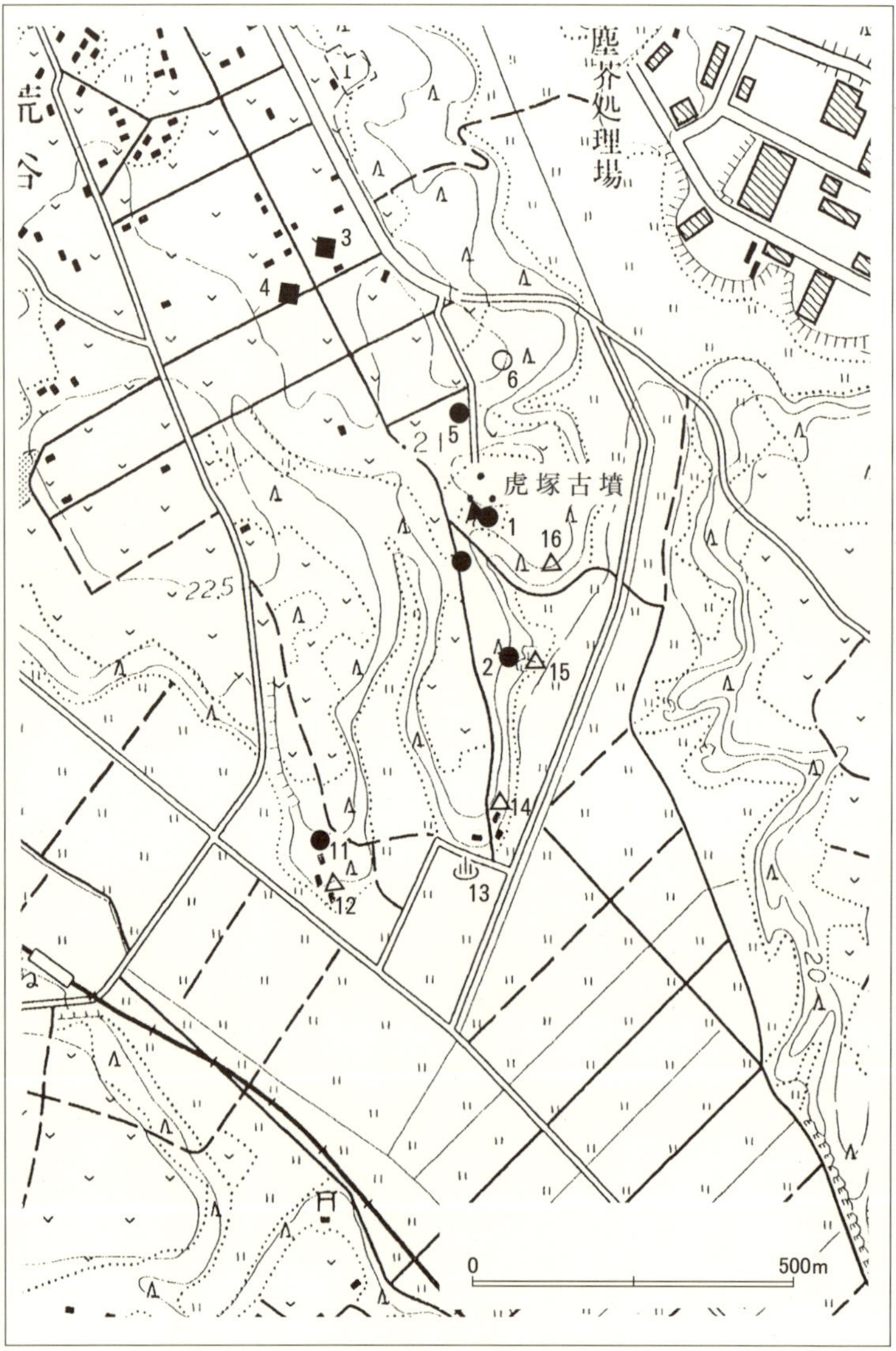

図3　虎塚古墳群位置図

1：1号墳　2：2号墳　3：3号墳　4：4号墳　5：5号墳　6：6号墳
11：笠谷古墳群　12～16：十五郎穴横穴墓群

図 4　虎塚古墳群第 4 号墳の横穴式石室

本墳は、太平洋戦争中に、北側の墳丘裾より防空壕が掘られ、横穴式石室の奥壁に達している。奥壁の一部は、開口され内部に人骨片の存在が確認されているが、副葬品などは未検出である。石室の奥壁・側壁などは、かなり大きな軟質凝灰岩の一枚石を使用して構築され、その構造は、第四号墳にきわめて近似した構造となっている。

第三号墳については、一九九九（平成十一）年五月に確認調査が行われ、幅約三㍍の周溝を有する方墳であることが確認されている。調査結果から、本墳の規模は周堀の内側で東西二二㍍、南北二〇㍍、高さ二・〇㍍を測り、裾部は耕作により削平されているものの、墳丘は比較的良好に残されている。

第四号墳

第四号墳は、第三号墳に並んで築造されているが、墳丘はすでに開墾により取り除かれ、大きな一枚の板石でつくられた

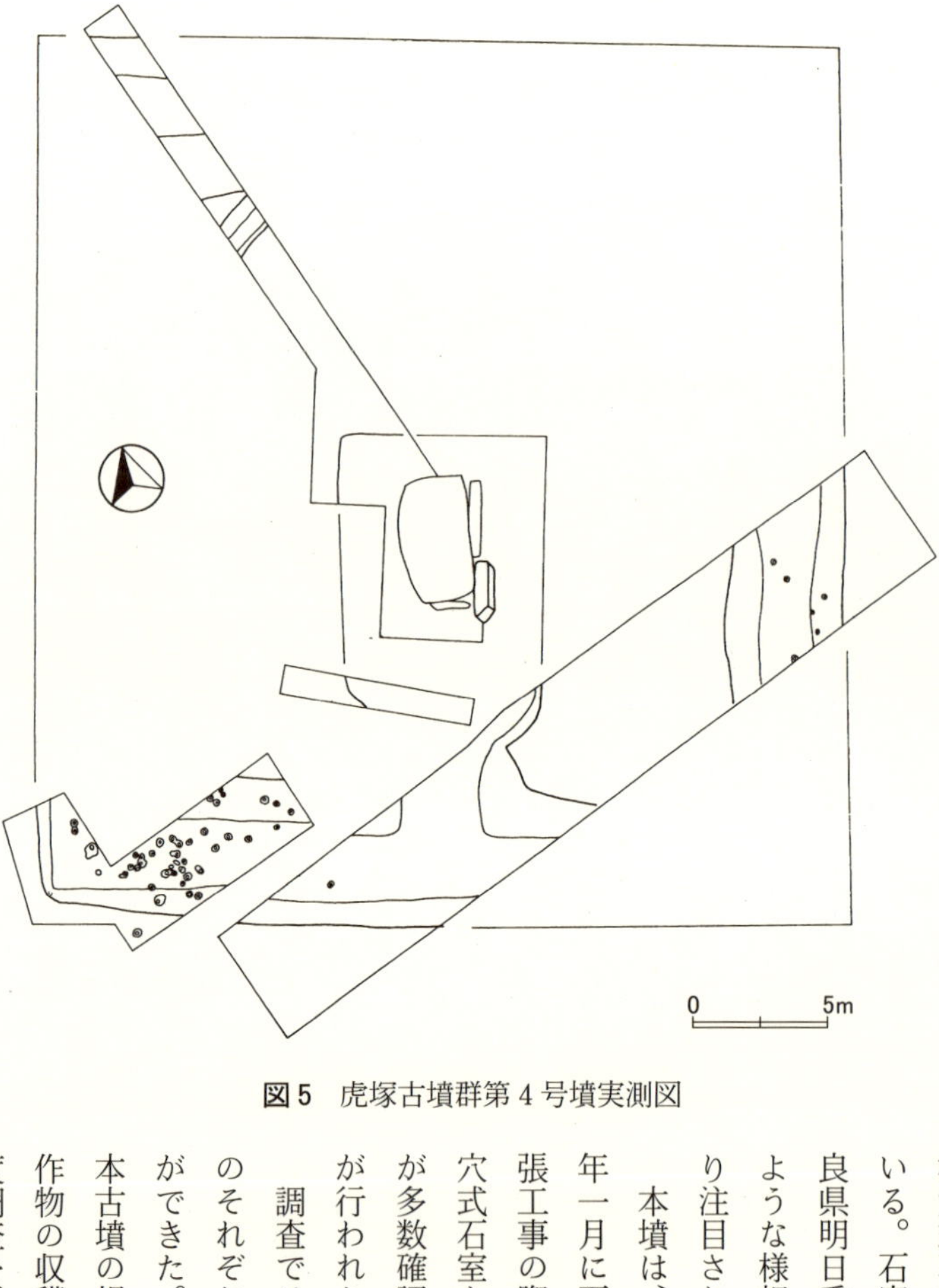

図 5　虎塚古墳群第 4 号墳実測図

横穴式石室が畑のなかに露出している。石室はあたかも小規模な奈良県明日香村の石舞台《いしぶたい》古墳を見るような様相を呈しており、以前より注目されていた。

本墳は、一九八七（昭和六十二）年一月に石室南側にある農道の拡張工事の際に墓道が検出され、横穴式石室と同じ石材である凝灰岩が多数確認されたので事前の調査が行われた。

調査では、南側の堀および墓道のそれぞれの一部を確認することができた。さらに墳丘の喪失した本古墳の規模を確認するため、農作物の収穫を待って同年五月に再度調査を行った。その結果、周堀の外側で、南北三〇・二㍍、東西三一・八㍍を測る方墳であることが判明した。

　周堀は、堀幅平均で五・二㍍、堀底幅二・四㍍、深さ一・五㍍を測り、コーナー部はほぼ直角に掘り込まれていた。堀の底および斜面部からは多くのピットが検出された。

　石室は、中央部よりやや南側に寄った位置につくられ、内側で幅一・九㍍、奥行二・二㍍、天井石は、南側に大きく崩れ落ちているために、高さは推定で一・九五㍍の規模を有している。

　奥壁、側壁、天井石、床石ともすべて一枚石の凝灰岩でつくられている。床石を除く石材の厚みは約三五㌢を測る。

　玄門部は、一枚石の中央部に幅五〇㌢、高さ約一㍍の長方形に刳り貫き玄門としている。そのため、両側の袖石《そでいし》、楣石《まぐさいし》および框石《かまちいし》すべてが独立には存在していない独特のつくりとなっている。

　石室を据付けるための掘り方は、南北一一・〇㍍、東西七・六㍍の長方形を呈し、南側は墓道に接している。掘り方の深さは、ローム面を八八㌢ほど掘り込み、底面は、水平に堅く突き固められている。覆土は、堅牢で水平な黒色土・ローム層が何枚も認められ、部分的ではあるが木炭層も存在する版築工法が認められた。

　羨道部は、天井石が斜めに覆い危険であったので一部を調査したにとどめ、全体像を把握することができなかったが、側壁は玄室と同様の凝灰岩の一枚石である。

　墓道は、羨道部より八・二㍍の長さを有し、周堀に接続している。墓道の底面は平均三㍍とかなり広く、深さは約一㍍、断面は「U」字形を呈している。床面に近づくにつれ石材の凝灰岩ブロックの混入が認められた。

　須恵器は、南側の周堀と墓道の接するところから一定の広がりをもって出土した。いずれも小破片であるが、接合により大型壷形土器と長頸壷が含まれていることが判明した。墓道周辺で埋葬にかかわるなんらかの儀式が執り行われたのであろう。

第五号墳

本墳は、虎塚古墳の北西二〇〇㍍の距離に位置し、最も虎塚古墳に隣接した古墳である。墳丘はすでに開墾により削平され、わずかに横穴式石室の残存部が地上に残されているにすぎない。

一九九三（平成五）年に確認調査が行われ、周堀および横穴式石室の床面が残存していることが判明した。石室は南面に開口し、石材は虎塚古墳と同じ軟質凝灰岩製である。

南側に小支谷をのぞむ傾斜面の頂部に築造されたが、谷は埋められ平坦になっている。

第六号墳

第六号墳は、第五号墳の北東約一〇〇㍍に位置した古墳であるが、耕作によって現在は隠滅しており、墳形などは不明である。

茨城県遺跡地名表によれば、虎塚古墳群は、前方後円墳一基、円墳七基の記載が見られ、周辺にはなお数基の古墳の存在が示唆される。

3　歴史的環境

虎塚古墳の位置する東中根台地は、東・南側を本郷川に、西側を中丸川によって浸食されて形成された細長い台地である。台地は、東西幅は最大で、一・二五㌔、標高は二〇㍍と、おおむね平坦な地形を呈し、いく筋かの支谷が台地を浸食し、複雑な地形を形成している。

東中根台地上には、旧石器時代から近世にかけ

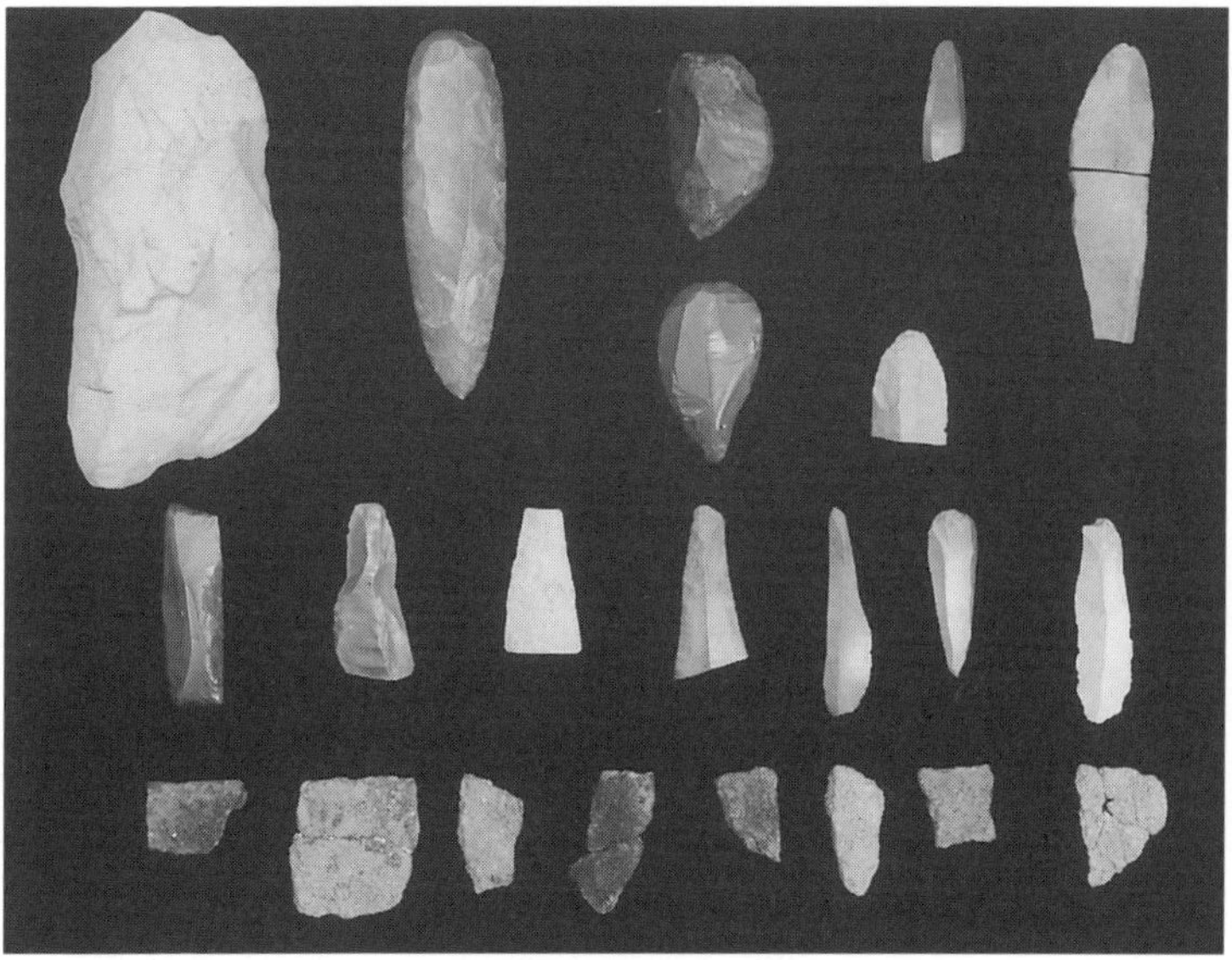

図6　後野遺跡Ａ地区出土の石器と土器

ての重要な遺跡が連綿として続いており、茨城県内のなかでも遺跡密度の濃いひたちなか市のなかにあっても、とくに遺跡が集中して存在する区域として注目されている。

（一）旧石器時代

旧石器時代の遺跡としては、虎塚古墳の北側二・四㌔に位置する後野《うしろの》遺跡がある。遺跡は本郷川に注ぐ支流の最奥部の標高二八〜二九㍍の台地微高地上に位置する。一九七四（昭和四十九）年に雑種地の整地作業中に三点の石器が採集され遺跡の存在が確認された。

一九七五（昭和五十）年に発掘調査が実施され、その結果、Ａ・Ｂの二地点より層位を異にして二つの石器文化が明らかになった。

後野Ｂ石器文化は、軟質ローム層中の上位面から、旧石器時代終末の細石刃核、細石刃、彫器、掻器、削器、礫器などで構成される細石刃文化が明らかになった。これらの細石刃文化は、船底型細石刃核の存在する北方系細石刃文化の太平洋岸における南縁に位置するものである。また、彫器は、いわゆる荒屋型彫器である。

後野A石器文化は、軟質ローム層直上の七本桜―今市パミス層中から、局部磨製石斧の再生と考えられる打製石斧、尖頭器、掻器、彫器、削器や、一つの石器に彫器―掻器、削器―掻器などの複数の機能を備えた多目的石器などの石器群と、それらの石器群にともなって無文土器が出土した。

現在までのところ、後野A石器文化は、旧石器時代最終末から縄文時代最初頭にかけての「神子柴・長者久保文化」の範疇に含まれ、後野A石器文化にともなって出土したこの無文土器はわが国で確認されている最古の土器群の一つであるものと考えられている。

後野A・B石器遺跡出土の石器および無文土器は一括して一六〇点が二〇〇〇（平成十二）年に茨城県有形文化財（考古資料）に指定された。

（二）縄文時代

縄文時代の遺跡は、虎塚古墳北西一・五キロに位置する君ケ台《きみがだい》貝塚がある。君ケ台貝塚は、一九五一（昭和二十六）年、甲野勇を中心に発掘調査が行われ、縄文時代中期から後期にかけての集落跡であることが知られている。とくに、広範囲から遺物の散布が認められ、鰹節タイプの長楕円形を呈した土器片錘《どきへんすい》の出土や小地点貝塚をともなうことが確認されている。

二〇〇三（平成十五）年七月に貝塚東側の低地の作業中に偶然、斜面部に新たな貝層が発見され、大規模な斜面貝塚をともなっていることが判

図7　君ヶ台貝塚斜面貝層

明した。

貝層は部分的な発見にしろ、幅約六㍍、高さ七・五㍍に及んでおり、六層の貝層と六層の昆土貝層が交互に堆積していた。ヤマトシジミを主とするが、二四種の貝類とウニなどが検出されている。中期後半の加曾利EⅡ式土器から称名寺式土器までの継続した土器片が出土している。

このほか、縄文時代の貝塚としては、虎塚古墳の南西一・三㌔に位置する三反田蜆塚《みたんだしじみづか》貝塚がある。三反田蜆塚貝塚は、中丸川をのぞむ標高一九・〇〜二〇・〇㍍の台地上に位置し、縄文時代前期から後期にかけて形成された貝塚群である。貝塚は字名の「蜆塚」が示すように直径約一〇〇㍍の範囲にヤマトシジミガイの貝殻が大小六つのブロックに分かれ馬蹄形に広がっている。

一八八七（明治二十）年大矢透の発見以来、多くの研究者によって調査が行われており、土偶と人骨が多く出土する貝塚としても知られている。とくに、女性の左前腕骨にベンケイガイ製の腕輪を一三個装着した例やオジロワシの埋葬例など、全国的に見ても希有の資料が出土しており、君ケ台貝塚とともに茨城県北部を代表する貝塚といえる。

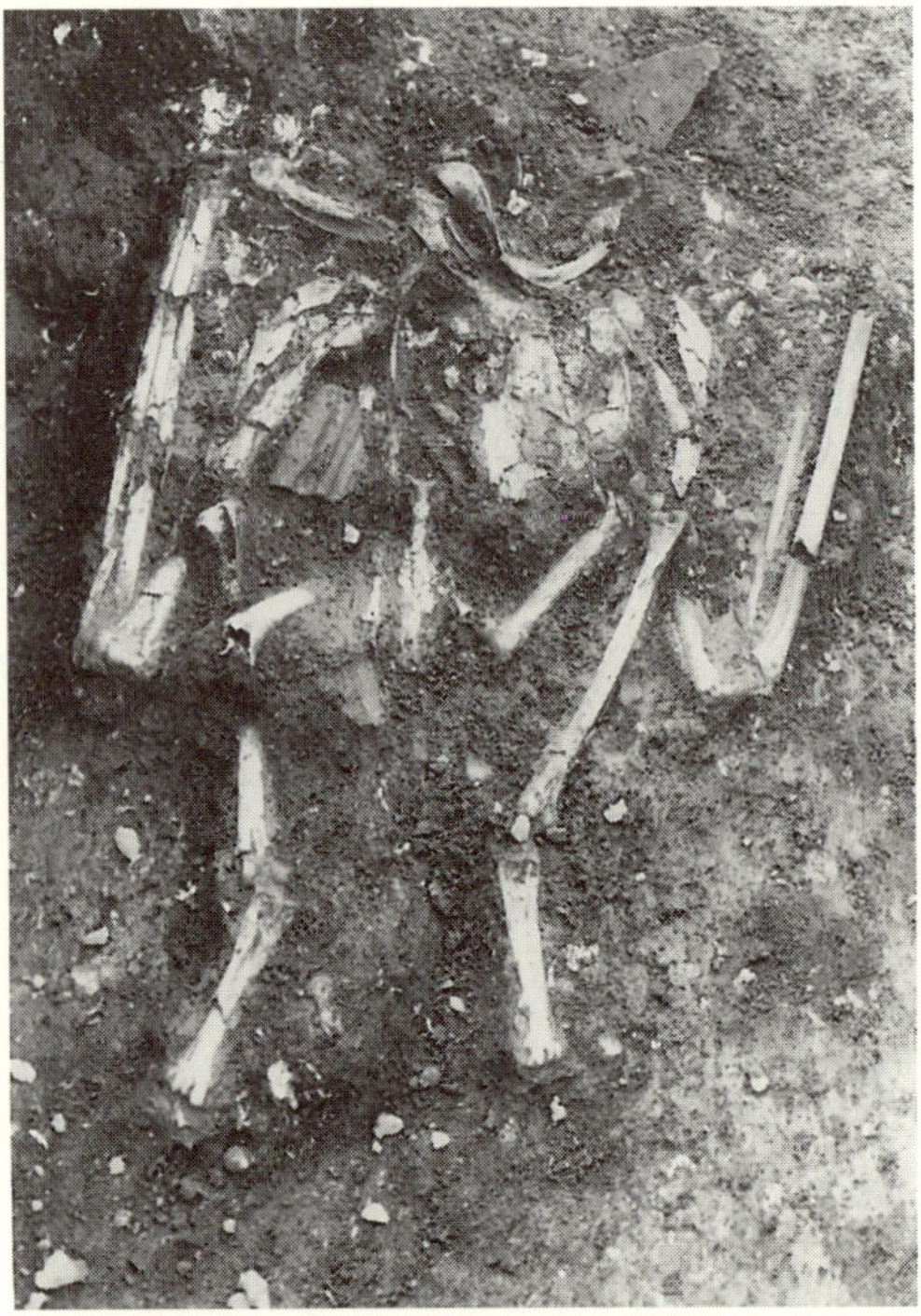

図8　三反田蜆塚貝塚出土オジロワシ

（三）弥生時代

東中根台地の突端部から中丸川をのぞむ台地西側の縁辺部に沿う形で弥生時代中期後半から後期前半にかけての遺跡群が巡っており、東中根遺跡群とよばれている。

遺跡は、北側から中丸川を見下ろす台地上に野沢前・堂山・清水・大和田・笠谷遺跡とつづき、さらに、虎塚古墳周辺の本郷川沿いに指渋遺跡が存在する。これらの東中根遺跡群の広がりは一・五キロに及び、点在している。

東中根遺跡群については、戦前より多くの研究者により踏査が行われ、茨城県北部の弥生時代後期「東中根式土器」の標識遺跡として広く知られている。とくに、大和田《おおわだ》遺跡は、一九七一（昭和四十六）から一九七五（昭和五十）年にかけて五

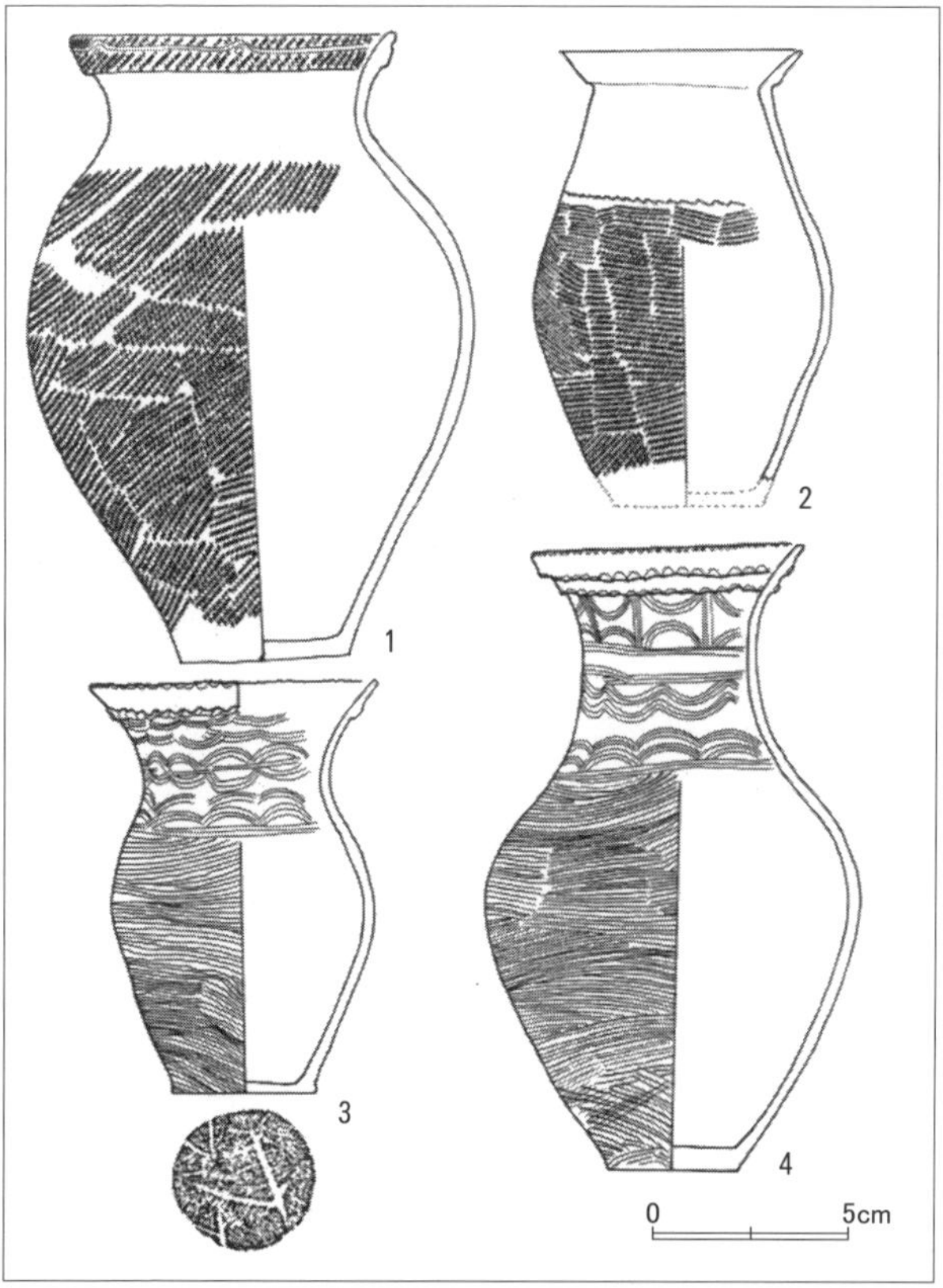

図9　東中根遺跡出土弥生土器

図10　大和田遺跡第5号住居跡遺物出土状況

次に及ぶ調査が行われ、弥生時代後期住居跡五軒、溝状遺構八条、古墳時代中期住居跡三軒の遺構が明らかになった。

　弥生時代の住居跡はいずれも方形のプランを有し、中央に地床炉を配したもので、また、すべて焼失住居で多量の炭化材が残されていた。なかでも、二軒の住居跡の床面からは、三リットルにも及ぶ多くの炭化籾が検出された。住居跡から出土した土器は、いずれも東中根式土器に編年されるもので、そのほか、紡錘車、アメリカ式石鏃などが出土した。

　また、東北地方南部に分布の中心をもつ天王山式土器片も伴出しており、アメリカ式石鏃などとともに東中根式土器が東北地方南部と強い結びつきをもっていたことが考えられる。

（四）古墳時代

古墳時代の遺跡は、大和田遺跡で中期の住居跡三軒が調査された以外、主だった遺跡は確認されていない。しかし、中丸川をはさみ南西側一・五キロに対峙する三反田遺跡は、前期五領《ごりょう》期の集落跡で、一九七四（昭和四十九）年から一九九〇（平成二）年にかけての五次に及ぶ調査が実施され、二一軒の古墳時代前期の住居跡と、溝状遺構、古墳の痕跡などが検出されている。これらの住居跡からは、S字状口縁台付甕・東海系の大郭《おおぐるわ》式土器など、他地域から搬入された土器が多く出土している。さらに、遺跡の西側水田にある上河原《かみかわら》遺跡は、一九九四（平成六）年に調査が行われ、長さ一〇メートルに及ぶ二艘の丸木舟や前期の土器が出土している。

　また、古墳群としては、虎塚古墳と小支谷を隔てて南西五〇〇メートルに笠谷古墳群が位置する。本古

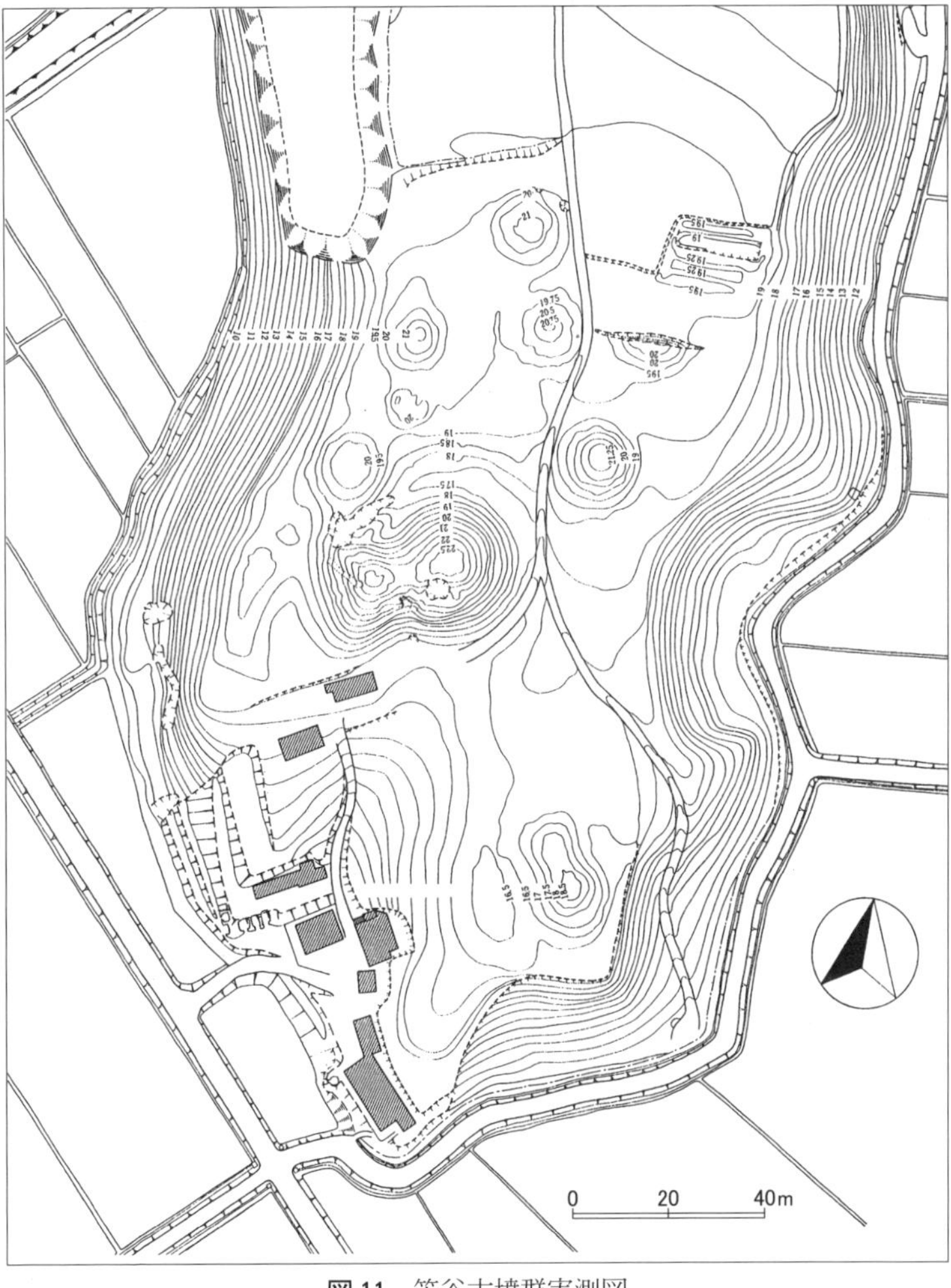

図11　笠谷古墳群実測図

墳群は、現在前方後円墳二基、円墳八基が残されている。

一九五二（昭和二十七）年ごろに調査が行われた、本古墳群の盟主的な前方後円墳は笠谷一八号墳と記載されており、少なくとも一八基以上の古墳が存在していたものと考えられる。さらに、台地上には何基かの古墳の痕跡が認められており、多くの古墳が開墾などにより消滅したものと思われる。

この前方後円墳は、現在、笠谷古墳群第六号墳とよばれるもので、全長約四三㍍、後円部径三〇㍍、同高さ五・四㍍、前方部幅二五㍍、同高さ五・〇㍍を測り、墳丘は比較的よく原形を残している。後円部南側に凝灰岩の切石を用いた横穴式石室が存在し、この石室内部から、金銅製柄頭《つかがしら》・馬具などが出土している。馬具のなかには、イモガイを装飾に用いた雲珠《うず》なども見られる。墳丘からは、円筒・形象埴輪片が認められている。墳形や副葬品などから推定して、六世紀後半に築造されたものと考えられ、虎塚古墳群に先行する時期が与えられる重要な位置を占める古墳群であろう。

東中根台地上には、台地突端に位置する虎塚・笠谷両古墳群のほか、北西側二・〇㌔に、現在円墳一基が残されている中区古墳群が存在する。

中区古墳群第一号墳は、一九九六（平成八）年、ゴルフ練習場建設にかかる事前調査が行われ、墳丘南側に開口する横穴式石室の羨道部が確認された時点で、保存することが決定された。

古墳は南側に谷津をのぞむ台地端部に位置し、北側に幅二・六㍍、断面「U」字状の周堀が巡っていることが確認された。その結果、周堀の内側で直径約一五・〇㍍、高さ二・〇㍍の小円墳であることが判明した。

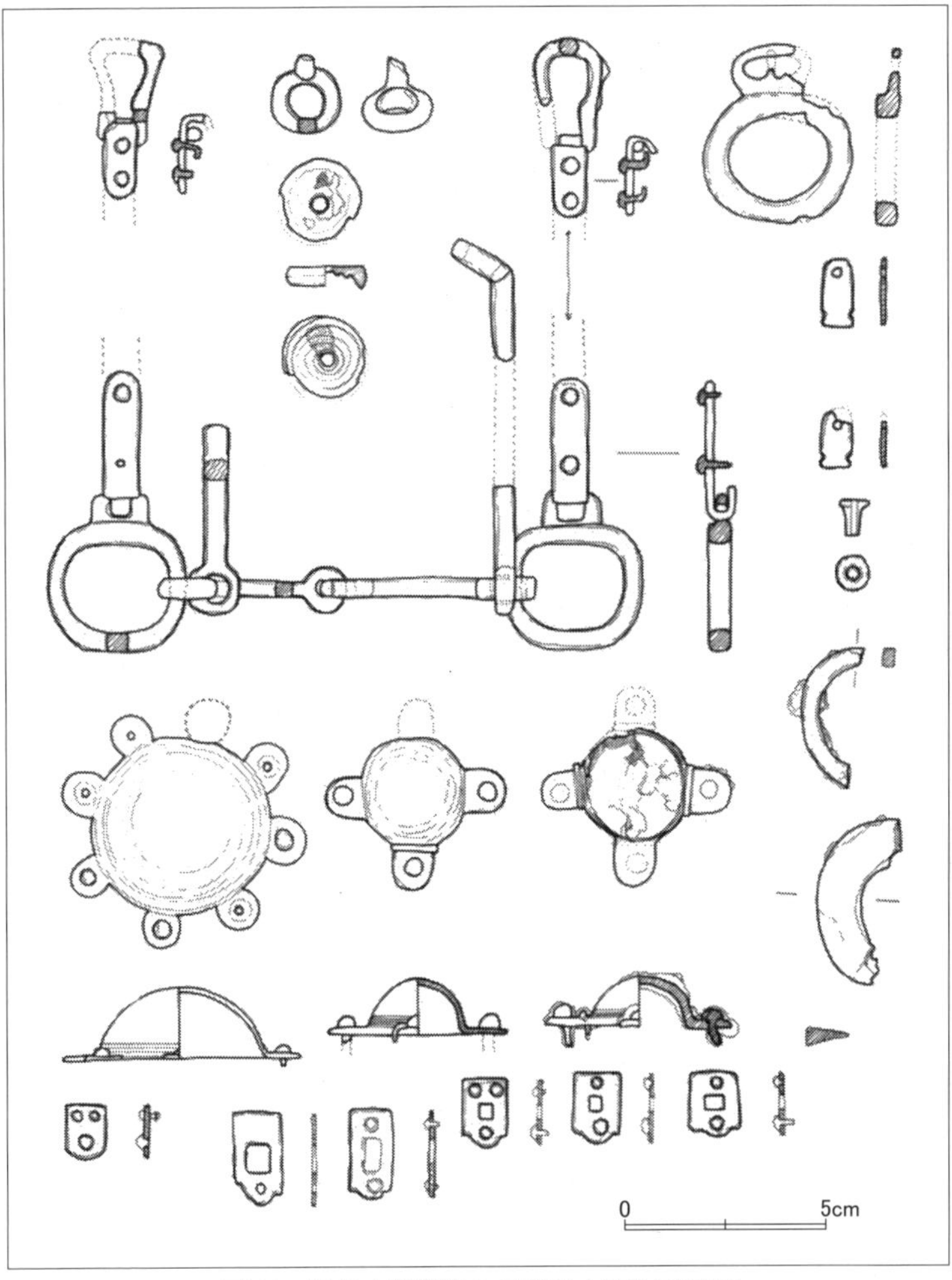

図 12　笠谷古墳群第 6 号墳出土遺物実測図

図 13　黄金塚古墳出土乳飲み児を抱く埴輪

　さらに南側に開口する横穴式石室の墓道と羨道部の右側壁が検出された。羨道部側壁は、一枚石の凝灰岩でつくられており、墳丘からは埴輪片などは未検出である。すでに埴輪の樹立が見られなくなった以降の古墳で、虎塚古墳群とほぼ同じ七世紀に入ってからの築造と判断された。

　本古墳北側畑のなかには凝灰岩の散布集中地点が認められ、周囲には複数の古墳が存在していたものであろう。

　さらに、中丸川をはさみ西北西に三㌔離れて大平古墳群が位置する。黄金塚《こがねづか》古墳（推定全長八〇㍍）を盟主に、前方後円墳三基、円墳群からなる市域最大級の古墳群であったが、現存するものは円墳二基にすぎない。

　黄金塚古墳は、一九五六（昭和三十一）年に道路建設作業が行われ、横穴式石室が破壊され、墳丘から多くの埴輪片が出土した。この時発見された埴輪は、県指定文化財「乳飲み児を抱く埴輪」をはじめ、馬形埴輪・女子頭部・斧形埴輪などの重要な埴輪が出土している。

　太平一号墳は黄金塚古墳に平行して東側に位置し、全長約五〇㍍を測り、一九八五（昭和六十）年に区画整理にともなう事前の発掘調査が行わ

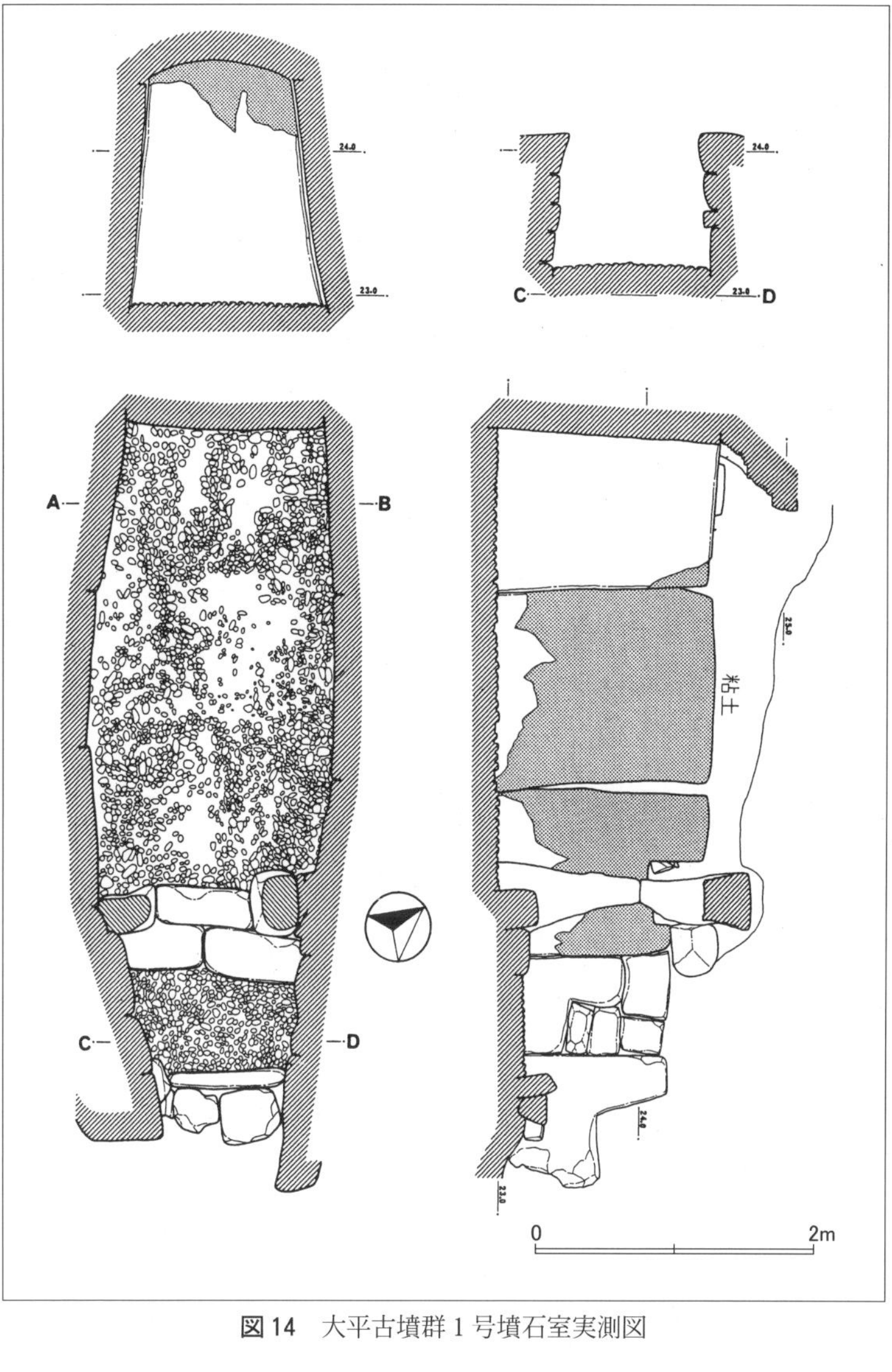

図 14　大平古墳群 1 号墳石室実測図

れ、前方部から凝灰岩製の横穴式石室が発見された。

石室内部からは、馬具・刀子《とうす》・鉄鎌などと銅《どう》釧《くしろ》・切子玉《きりこだま》などの副葬品が出土している。石室の構造などからして、虎塚古墳に先行する古墳と考えられる。

本古墳群の北側に位置する金上殿塚《かねあげとのづか》古墳は、直径約三〇㍍の円墳で、一九五九（昭和三十四）年に調査が行われ、砂質凝灰岩製の横穴式石室が発見された。奥壁に線刻により靭《ゆぎ》などの壁画が描かれていた。

壁画は、二重の線刻により靭本体を描き出したもので、上部に矢を数本線刻する。靭の全高五七㌢、上部幅二三㌢、下部幅二六・五㌢を測る。

本壁画の靭は、水戸市吉田古墳の靭によく似ている。出土遺物は、鉄製冑残片、鉄刀一、鉄鏃一、馬具残片、勾玉一、なつめ玉一などであったが現存していない。

金上殿塚古墳は、虎塚古墳の壁画を考える上で重要な位置を示す古墳であるといえる。

（五）奈良・平安時代

奈良・平安時代の遺跡としては、東中根台地突端部に広がる十五郎穴横穴墓群が存在する。

十五郎穴横穴墓群は、本郷川沿いに東西幅一・五㌔にわたり軟質凝灰岩の急崖に穿たれ、四カ所の支群に分かれて位置している。

本横穴墓群は、すでに江戸時代からその存在が知られ、多くの研究者によって踏査が行われ、その一部が一九四〇（昭和十五）年に茨城県史跡の指定を受けている。

横穴墓はいずれも台地突端の崖面に位置し、地形を考慮して、東・南・西の三方向に開口する形で築造されている。

図 15　十五郎穴横穴墓指渋支群遠景

横穴墓群の分布を西側から見ると、第一支群は、笠谷古墳群の占有する斜面部に八基、第二支群は、第一支群の東側に二五〇㍍離れて中根の湯「箱屋」旅館内敷地に一一基存在していたが、現在は東側に位置する三基のみが残されているにすぎない。

第三支群は、さらに北側に二五〇㍍の距離を置いて三四基が開口している指渋支群が存在している。

通常、十五郎穴横穴墓群とよばれているのは指渋支群であり、県指定史跡地域である。最近、本支群と第二支群との中間地点から新たな横穴墓が確認されており、地形から判断するとなお多くの横穴墓が存在するものと推測される。

本支群の西域に位置する第三二号横穴墓は、一九五〇（昭和二十五）年に偶然に開口し、玄室内から黒作《くろつくり》大刀《たち》一口、把手状金具二個、鉄鏃・鉄釘

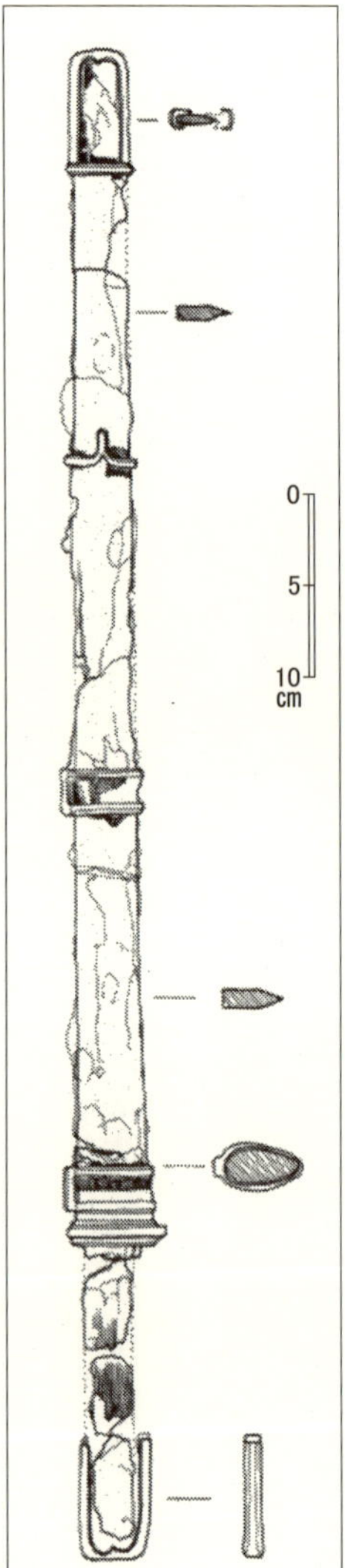

図16　十五郎穴横穴墓群32号横穴墓出土黒作大刀

などが、羨道部《せんどうぶ》右側から四三個体の須恵器が一括出土している。なかでも、黒作大刀は、正倉院所蔵の大刀ときわめてよく類似している特異な大刀といえる。本横穴墓群の性格を把握する上での重要な資料の一つといえる。

　第四支群は、虎塚古墳の位置する台地の裾部に位置し、一九七六（昭和五十一）年から一九八〇（昭和五十五）年にかけて発掘調査が行われ、一一九基の横穴墓が確認された。

　調査区の北側に一五〇㍍離れて一基の横穴墓が存在し、その中間の位置にも戦時中に防空壕を掘った際に新たに四基の横穴墓が検出されたところからすると全面的につづいて横穴墓が存在することが考えられよう。

　以上のように、十五郎穴横穴墓群は、四地域の支群に分かれて存在しているが、いずれも四支群間は谷津による地形的な分断であり、本来は一つのまとまりとしてとらえられるものであろう。

　東中根台地上の奈良時代から平安時代にかけての集落跡はあまり明確には把握されていなかったが、二〇〇一（平成十三）年に調査が行われた清水遺跡で当該期の集落跡の一部が確認された。

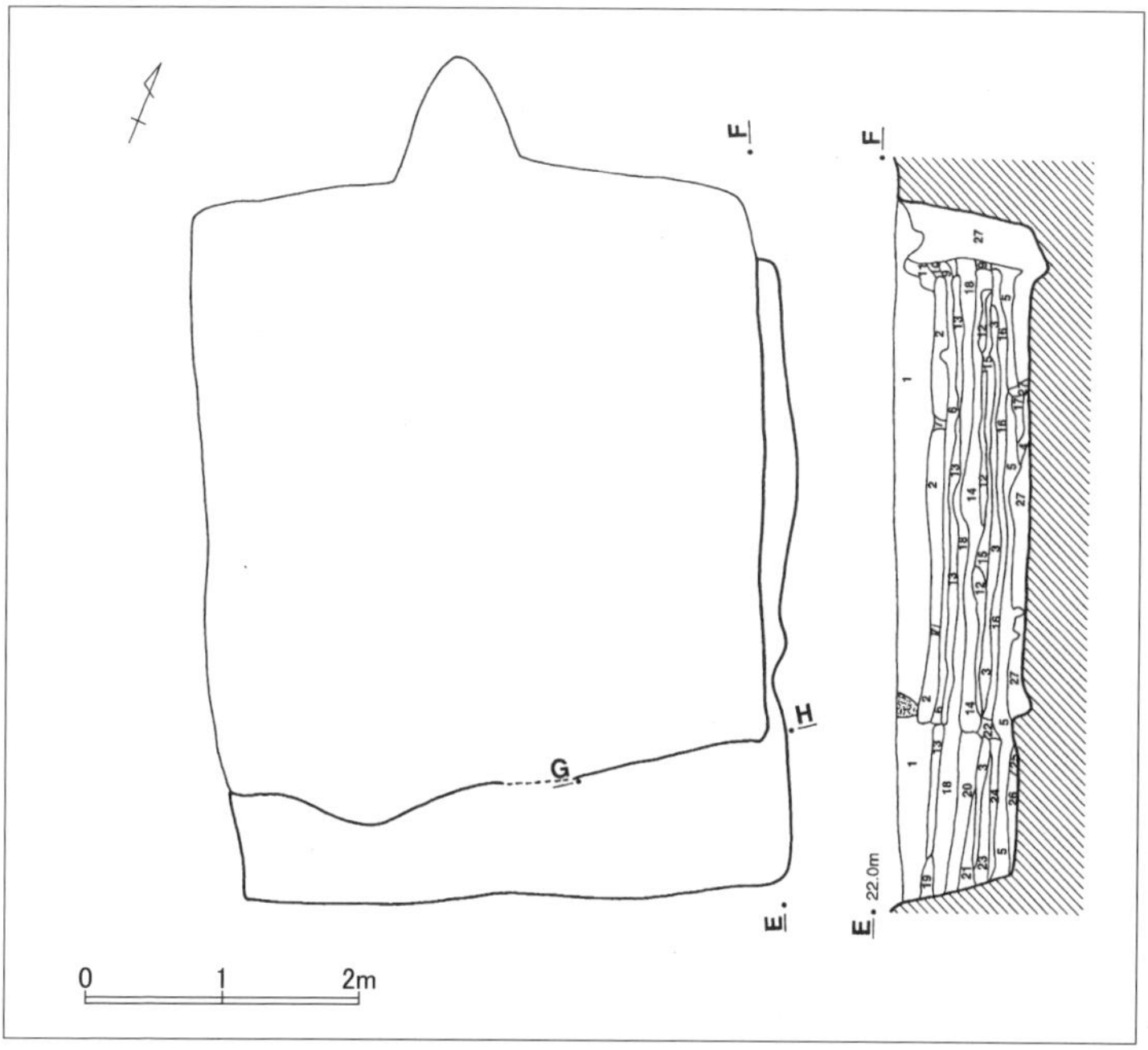

図17　清水遺跡17号住居と版築遺構

清水遺跡は、虎塚古墳の北西一キロの距離にあり、「担い手育成畑作総合整備事業」にともなう記録保存調査によって四二〇〇平方メートルに及ぶ区域の調査が行われ、五カ所から遺構が検出された。検出された遺構は、古墳時代後期住居跡一軒、八世紀第2四半期から十世紀第4四半期にかけての住居跡一九軒、溝状遺構、掘立柱建物跡一棟、版築遺構一カ所などである。とくに、掘立柱建物跡付近からは少数であるが瓦片なども出土しており、周囲に瓦葺の建物跡の存在が示唆される。さらに、版築遺構の存在は倉庫などの建物があったものと考えられ、大規模の集落が存在したものであろう。十五郎穴横穴墓群に埋葬された被葬者との関連も考慮すべきであろう。

また、この時期の遺跡として、南西一・五キロの三反田丘陵上に位置する下高井遺跡も重要で

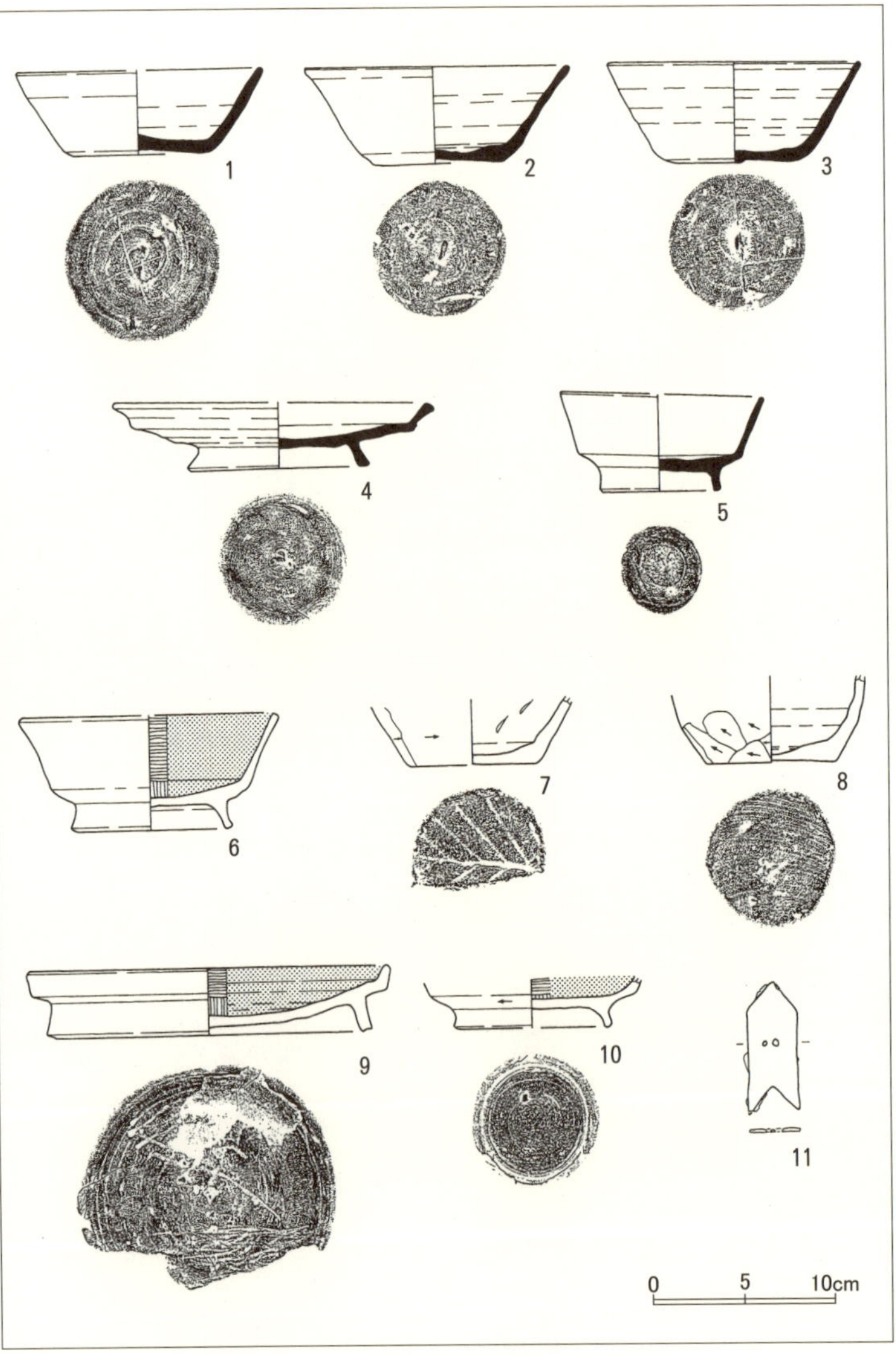

図 18　清水遺跡 10 号住居跡出土遺物

ある。

下高井遺跡は、一九九四（平成六）年から翌年にかけて「一般国道六号東水戸道路改築工事」にかかわる事前調査として茨城県教育財団により、一万七六四三平方㍍の面積が調査された。

その結果、調査区内からは旧石器時代から中世にいたる多くのさまざまな遺構が検出されたが、なかでも古墳時代の住居跡一四一軒、方形周溝墓四基、鍛冶工房跡五軒が、また奈良・平安時代の住居跡九八軒、掘立柱建物跡二棟などの遺構が調査された。調査区域内の遺構密度はきわめて濃く、遺跡の範囲が拡大されるのは当然であり、大集落が存在していたものと考えられる。

以上のように、虎塚古墳が占地する東中根台地および周辺には、旧石器時代から奈良・平安時代にかけての重要な遺跡が連綿として存在している。なかでも、台地突端部には、笠谷古墳群・虎塚古墳群・十五郎穴横穴墓群と六世紀後半から九世紀にかけての一大墓域を形成しており、那珂川河口近くに位置する本地域は、中央からストレートにつながるきわめて特殊な区域であったものであろう。

Ⅱ　虎塚古墳および周辺の調査史

虎塚古墳がいつ頃から住民の注目されるところになったかは定かでないが、周辺地域を含めて築造された最大級の前方後円墳であり、古くからその存在について知られていたことは疑いのないことであったであろう。

ところで、この虎塚古墳は、隣接してつくられた十五郎穴横穴墓群とセットで考えられていた。たとえば、虎塚古墳の名前の由来について土地所有者西野茂信は、

「近くに十五郎穴ちゅうのがあって、昔、曽我の十郎五郎という人が、鎌倉さんなんかに追われて、ま、きて、あそこを隠れ屋にして隠れたんだと。そんどきに虎御前という人がたずねてきたんで、その最後には虎御前ちゅうのを、ここの塚さのめだんだと」

と話し、軍記物語で知られる曽我物語を題材にした曽我五郎十郎にちなんだ名称であることを述べている。

江戸時代末の水戸藩の小宮山風軒は、一八〇七（文化四）年頃に『水府志料』をまとめ、このなかの那珂郡一で、

中根村・十郎岩屋

やへさきと云所にあり。岩穴十三四あり。口三尺にして、内七八尺四方なるあり。或は口二ッありて、内一丈三四尺四方に及べるあり。昔曾我五郎、十郎火の雨を避てかくれし所なりと申傳ふ。其上の山にとらカ塚といふ有り。此邊岩穴惣計すれば七十餘に及ぶ。梵字抔彫りたるもあり。おそらくは曾我五郎、十郎にはあるべからず。上古穴居の跡歟。或は古墳の類ならん歟。

と記し、曾我物語にあるような事実を打ち消し、古代の墓とする卓見を述べている。また、すでに江戸時代には十郎岩屋、とらカ塚という名前でよばれていたことも判明する。

さらに小宮山は一八三八（天保九）年に「中根村石岩窟考」を著し、

「……土人或云、上古ノ時ニ火ノ雨降リタル時、五郎十郎ノ避シ所ナリト伝フ、誕忘ノ説信ズベカラズ、予竊カニオモウニ、我上古ノ時ノ墓地ニテ、小ナルハ小児ヲ埋メシ所ナランカ……」

と述べて、十郎・五郎伝説をうそ偽りとして強く否定し、さらに古代の墓とした識見は高く評価されなければならない。

さらに、小規模な横穴墓については小児用のものと断を下しているが、一九七八（昭和五十三）年に調査を実施した獅子舞支群（第四支群）第一〇〇号小横穴墓からは小児頭蓋骨が出土している。

十五郎穴横穴墓群は一九四〇（昭和十五）年三月十一日付で、茨城県告示第一五四号をもって県史跡に指定されている。指定の際は、塙瑞比古による調査が行われ、また当時地元では中根史蹟保存会（会長・井上義）が結成され、絵はがきを刊行するなど活発な活動を展開していたものと考えられる。

一九四三（昭和十八）年には、石井周作によって『古墳研究』が上梓され、そのなかで本横穴墓群を含めて「中根横穴古墳群」として調査結果を紙数を割いて報告している（調査は、一九四二〈昭和十七〉年八月十六日から十八日まで三日間行われた）。

石井は、報文のなかで横穴墓の数は数百基は下らない見込みとその数を想定し、さらに横穴古墳の形状は他の地方に類例をみない特殊なものとして注目している。

また、高塚古墳にも触れ、「この地方の高塚は、前方後円墳と円墳に区別できるが相当雄大なものであって、虎塚のごとき三〇間にあまるものがある。しかしこれ等の高塚の多くは発掘せられ、今日発掘を逃れているものは虎塚附近のものであろうと云われている」と報告している。

さらに、発掘された高塚古墳からは、円筒および人物埴輪が立てられていたとみえる。おそらくは笠谷古墳群を指しているものであろう。

一九五〇（昭和二十五）年四月十五日に県史跡指定地の西側から新たな横穴墓が多くの副葬品をともなって発見された。

横穴墓は同所に住む佐光武市によって裏山を切り崩したところ多くの須恵器の一括出土を見、さらに掘り進むと自然石の蓋石が発見されるにいたった。この時点で土地所有者西野茂信に連絡をとり、二人で蓋石を取り除いたところ新たな横穴墓が発見されたという。

さいわいなことにも新発見の横穴墓は、中根史蹟保存会の井上義や佐藤次男により詳細な記録がとられ、図面などが残されている。

横穴墓は玄室奥壁が広がるもので、玄室内から銅装黒作大刀一口、把手状鉄製品、鉄鏃、鉄釘な

図19　馬渡埴輪製作遺跡Ａ地点全景

どが出土した。また、発見のきっかけとなった須恵器は玄門の右側に墓前祭祀の什器として一括して置かれていたものと判明した。

この時点で、初めて本横穴墓群の横穴墓から副葬品が検出された。しかも、そのなかの銅装黒作大刀は、全国的に見てもあまり例がなく貴重なもので、あらためて十五郎穴横穴墓群を世に問うきっかけとなった発見であった。

さらに、一九六五（昭和四十）年から一九六八（昭和四十三）年にかけて勝田市と明治大学考古学研究室が共同で調査した馬渡埴輪製作遺跡は、登り窯、工房跡、住居跡、粘土採掘坑跡など、埴輪作りに関する一連の遺構が発見され、東国の埴輪作りを明らかにすることができた。

遺跡は「馬渡埴輪公園」として整備が行われ、市民の憩いの場所として公開されている。

一九七〇（昭和四十五）年から本格的に開始さ

れた勝田市史編さん事業のなかで原始古代部会では、既発見資料の収集、整理作業を行い、あわせて、弥生時代後期東中根式土器の標識遺跡である東中根大和田遺跡の発掘調査を行い、焼失家屋の竪穴住居跡を検出した。さらに竪穴住居を取り巻く形での溝の発見など、弥生時代の研究に大きな成果を挙げた。

とくに、住居跡から発見された炭化した籾《もみ》の発見は、茨城県の弥生時代研究に新たな一ページを開く画期的な調査であった。

さらに、市内出土遺物整理作業を通じて、中根笠谷古墳出土の金銅製馬具や柄頭など、後期古墳の標識的な性格を具備するものであって重要な位置を占めるものであった。

そして、これらの笠谷古墳群・虎塚古墳群・十五郎穴横穴墓群は、東中根の台地突端の狭い範囲に位置し、後期古墳から終末期古墳そして奈良時代にいたる時間的なつながりを垣間見ることができる貴重な遺跡群であると判断できた。

虎塚古墳は、馬渡埴輪製作遺跡と近距離にあって、また本郷川水系で結ばれており、墳丘内に埴輪の存在の有無を確認することや十五郎穴横穴墓群との関連性など重大な問題を含んでおり、勝田市史編さん委員会原始古代部会では本古墳を調査の対象とした。

旧土地所有者西野茂信の話によれば、虎塚古墳は西野家の祖先の墓であり、大切に守ることを家訓として伝えられてきた。同氏が所有する東中根大和田遺跡は一九七一（昭和四十六）年から一九七五（昭和五十）年にかけて五次の調査が行われ、まじかに発掘調査を見学し、炎天下のなか調査に取り組む学生の真摯な態度に心動かされ、虎塚古墳の調査を許可したと述べている。

虎塚古墳の調査主体は、勝田市史編さん委員会

（委員長・川又敏雄市長）、調査担当者は大塚初重（勝田市史編さん委員会原始古代部会長）、川崎純徳（同専門委員）があたり、さらに調査には小林三郎（明治大学）が加わり、虎塚古墳調査団を編成した。

発掘調査には明治大学、茨城キリスト教大学、大成女子高校歴史研究部、明治中・高校歴史研究部が参加し、さらに横穴式石室内の保存科学には東京国立文化財研究所の保存科学部（部長・登石健三）があたった。

Ⅲ　虎塚古墳の調査

1　第一次調査

虎塚古墳の第一次調査は、内部主体の解明を主たる目的として、一九七三（昭和四十八）年八月十六日から開始された。

本調査に先駆けて、八月六日から墳丘の樹木伐採作業が行われたが、荒れ放題の雑木林の伐採は、蜂の襲撃などによるアクシデントもあり思うようには進まなかった。

八月十六日、本調査団の到着を待って墳丘の最終伐採、約一・八㌔離れた三反田高井の三角点（標高二一・二㍍）からの原点移動、トラバース設定、杭打ち作業などの諸作業に取り掛かった。

八月十九日の午後にいたり、墳丘の全容が見渡せるようになった。古墳を訪れた所有者の西野茂信より墳丘西側には、台地縁辺に沿う形で周堀の土堤が存在していたが、周堀内に水がたまるので削平したことがあるという示唆にとむ話がなされた（整備に当たっては、この話を元にと、調査結果を参考にして、復元している）。

八月二十日、午後二時から前方部前にて調査の

図 20　慰霊祭風景

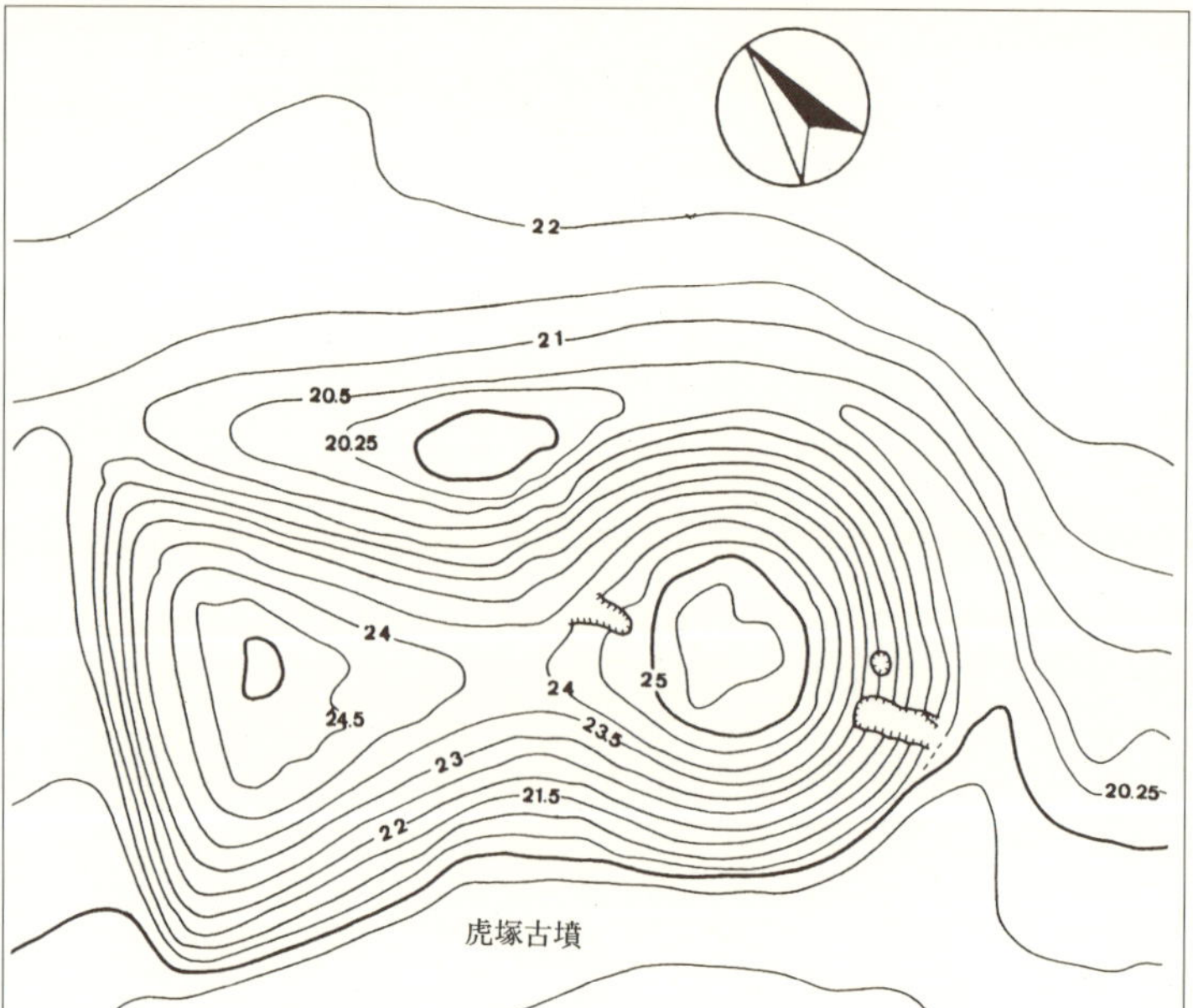

図 21　虎塚古墳墳丘実測図

図 22　第Ⅰトレンチと東・西拡張区

安全を祈願して慰霊祭を執り行う。慰霊祭終了をもってトレンチ設定の測量を開始する。

八月二十一日午後には、墳丘主軸線に直交する形で後円部中央から南側裾部にかけて第Ⅰトレンチを、後円部主軸線南側に第Ⅱトレンチ、第Ⅰ・第Ⅱトレンチの中間位置の墳丘裾部に第Ⅲトレンチ、第Ⅰトレンチから西側に四五度振った後円部と前方部の括れ部に第Ⅳトレンチの四本のトレンチを設定して調査を進めた。

早くも第Ⅰトレンチの調査を開始して二日目の八月二十三日には、付近から石室の一部あるいは閉塞石と考えられる凝灰岩の礫片が多数検出されるようになる。この段階で内部主体の位置が第Ⅰトレンチ内に発見される可能性が予知できた。そのため、第Ⅰトレンチをはさみ東側に東拡張区を、西側に西拡張区を設定して内部主体の調査を進めた。

図23　第Ⅳトレンチ中段の礫群

そして、今回の調査目的を、第Ⅰトレンチで確認することができた内部主体の調査と、第Ⅱトレンチの墳丘築成および後円部東側における周堀の調査に焦点を絞って進めることとした。

八月三十日には、石室閉塞部の大半が露呈され

図24　横穴式石室閉塞状況

た。この時点で、石室は盗掘を受けていない保存状態の良好な内部主体であるものと考えられた。そのため、玄門天井石と閉塞石の間にわずかの間隙が存在していることが判明した。ただちに調査の状況を東京国立文化財研究所に連絡し、翌日に保存科学の事前調査を実施することとなる。

　八月三十一日午後、東京国立文化財研究所保存科学部の登石健三部長、新井英夫技官、門倉武夫技官、見城敏子技官により、石室内部の試料採取が行われた。しかし、石室には、一枚石の閉塞石があり、取り除くことが不可能であり、閉塞石と天井の間隙から四〇センチほど、パイプを挿入した時点での試料採集に止めざるを得なかった。

　当日の外気温度は、残暑きびしく三二度を示し、湿度が六五パーセントのなかで採集された石室内部の温度は一五度、湿度は九二パーセント以上、炭酸ガスの濃度は外気の五〇倍という初めてのデータ収集が行われた。

　また、試料の収集とあわせて玄室玄門側に堆積する土砂の採取と天井石に付着する物質の採取作業も実施した。この日のパイプ挿入口からの観察では、玄門に袖石《そでいし》様のものが見え、さらに天井と楣石《まぐさいし》にはベンガラの赤色が認められた。

　九月三日になると石室閉塞部の露出作業も順調に進められ、また、石室前庭部、周堀の全容が現れるようになった。この時点で西側にプレハブ小屋を設置し、調査員および地元中根消防分団員による不寝番を置いて不測の事態に備えるようになった。

　三日間ほど雨が降りつづき、九月八日になって調査を再開する。午前中、石室閉塞部、前庭部、墓道および周堀断面などの写真撮影を行う。石室開口準備と実測用のやり方を五〇センチ方眼に組んだ。

九月十一日に、石室閉塞部の礫がすべて取り除かれ、翌日、石室開口の手はずとなる。東京国立文化財研究所に十二日開口の旨を伝える。石室玄門は一枚の板石によって密封されていた。玄門の楣石、両側柱石にはベンガラが施されていた。

図 25　横穴式石室閉塞石

図 26　玄門部と羨道部

図 27　玄室奥壁の壁画全景

九月十二日、十時より石室扉石開口作業を開始する。今日の石室開口は報道関係機関などにあらかじめ報じられていたので、報道関係者、市民などが多数見学に訪れ、開扉作業を見守っている。

扉石は、玄門と扉石に接する部分に彫りこまれた凹部にしっかり食い込んでおり、なかなか動じない。市役所土木部の専門家に応援を得ても扉石除去作業は困難を極めた。

午前十時五〇分、静かに玄門を離れた扉石の奥に赤い二つの円形を目にし、先頭の調査員より「壁画だ！」の歓声上がる。紛れもない装飾壁画であった。大塚団長より、現地の人達に壁画発見の報告があった。

壁画は、白土の上にベンガラで三角文や円文などの幾何学文と靫・大刀などの武器・武具が描かれていた。

残暑の残る静寂な東中根台地の緑のなか、大きなどよめきと拍手が沸き起こる。待機中の報道陣の取材に応じることにしたが、報道各社は取材順位を決めるため、ジャンケンをはじめ、ＮＨＫがトップで石室内部を撮影した。

壁画の内容については逐一見学者に報告するとともに、東京国立文化財研究所の江本義理技官と石室内の状況を観察し、その保存策を講じた。

壁画発見のニュースは、ただちに市役所にも連絡され、放送により市内全域に伝えられた市内は興奮のるつぼと化し、見学者が続々訪れる。現場はかなりの興奮状態となり、当日の模様を次のように大塚団長は回顧している。

「……午前十一時、扉石がはずされ玄門との間にわずかな隙間が見えた。最前列で働いていた勝田市教育委員会の鴨志田篤二氏が『壁画だ』と叫び声を上げた。すぐ後にいた私の目に、緊張と興奮にひきつり、やや青ざめた彼の顔が飛び込んだ。十チセンほどの隙間から石室をのぞきこむと、ほの暗い奥壁に二個の円文が蛇の目のように怪しく浮かび、その周囲には判別はつかぬが多くの図文が描かれていた。……

予想もしない壁画の発見に、私は名状しがたい興奮を覚えた。真白い壁面に描かれた赤い絵が、暗黒の世界からいま姿を現したのである。『やったぞ！』『壁画だ！』という学生の声を背にして、私は鴨志田氏と握手した。」

江本技官の指示により、石室内の温湿度を未開口時と同じように保つよう配慮することとし、石室の仮密閉の方法について検討する。その結果、米田和夫企画室長の発案で、市内の発泡スチロール工場から大きなスチロール板を運び込み、石室入口で密閉する方法をとることにした。この発泡スチロールの仮扉は軽くてもち運びに便利なことや断熱効果があり、最後まで使用することになる。

石室内部は、床面に薄く土が堆積しており、一体の遺骸が中央部に頭を北にして横たわり、遺骸の腰部に一口の小大刀を確認することができた。

九月十三日、昨日の興奮も冷め止まぬなか石室内の調査を開始する。石室床面を一〇㌢四方の方眼に区切り、遺物はそのまま原位置において堆積土をシャーレに採取し番号を付した。

石室内部は調査員二名とし、照明は熱源の少ない蛍光灯を用いたが、それでも四〇分ほど作業を行うと玄室内部の温度は三度上昇し、湿度は一〇㌫の減となってしまう。四〇分の作業後、二〇分ほど発泡スチロールの扉で閉塞すると温度一六度、湿度九〇㌫以上の状態に回復して、再度作業を開始する工程をくり返しつづけた。

さらに、調査員を悩ませたのは炭酸ガスで、石室内では外気の五〇倍の濃度があり、三〇分以上作業を継続すると中毒症状を起こす危険性をはらんでいた。そのため、石室内調査中は常時、温湿度計、炭酸ガス濃度検知器を備えての作業がつづけられた。

一方、人体に付着する細菌が壁面に及ぼす影響が考えられたため、石室内で作業をする調査員には徹底した消毒を行った。

この日、杉原荘介（明治大学教授）、斎藤忠（大正大学教授）、亀井正道（東京国立博物館）、田村晃一（青山学院大学教授）、椙山林継（國學院大學日本文化研究所）、吉田章一郎（青山学院大学教授）ら多くの考古学関係者の来訪があった。

九月十四・十五日は、石室床面の精査を継続するが副葬品は、小大刀・刀子以外はほとんどないことが確認される。副葬品の写真撮影を済ませて平面図などの実測作業を開始する。また、墳丘括れ部に設定した第Ⅳトレンチの発掘調査を開始する。マスコミ報道を聞きつけて市外からも多くの見学者が詰め掛け、終日賑わいを見せる。

九月十六日、前庭部凝灰岩礫群中より鉄鏃片十数片のほか鉄製石突などが出土する。礫群は追葬の際に積み残された閉塞石の一部かどうか、本古墳の埋葬を考える上で重要であり慎重に調査が進められる。

九月十七日、第Ⅳトレンチから石室と同じ凝灰岩の礫群の広がりが確認される。

壁画発見以来、宿舎の中根会館に見学者から激励の陣中見舞いが連日のように届く。

九月十八日、石室内実測を完了する。五時三〇分より、坂本写真研究所の坂本万七・明美により壁画のカラー写真撮影が行われる（虎塚古墳の絵はがきをはじめとする写真はこのとき撮影されたものである）。

午後七時より、宿舎隣りの中根小学校において、大塚団長による調査概要の報告会が行われ、大勢の市民の参加があった。

九月十九日、初めての壁画の一般公開が行われる。午前中は、市内小・中学校の児童・生徒たちの団体見学で、先生に引率されクラスごとに見学を行う。

一般公開にともない、東京国立文化財研究所の新井・門倉・見城各技官は古墳に待機し、種々有効なアドバイスをおくる。玄室内の二カ所には、温度計、湿度計を入れ、念のため大きな氷柱を用意した。当日の外気温は三〇度を超えていたが、石室内の温度は、未開口時の一六度を保っている。

十一時三〇分には、市民の一般公開も始まり、正午には見学者の列が二〇〇㍍を越える盛況振りであった。石室前から見学するには一時間以上の待ち時間となり、その待ち時間を利用して現場では調査員が交代しながら絶えずマイクによって青空教室が開かれている。

　一般公開には、勝田警察署によって近隣道路での交通規制が始まるが見学者は後を絶たず、堰を切ったように虎塚古墳に集まってくる。カメラ持参の見学者が多いが、ストロボ・フラッシュなどの光源は使用しないよう調査員が広報活動を行う。石室内部の温・湿度は三〇分ごとに測定するが、午後三時、室温が一八度を超えたために公開

図28　調査中に行われた青空教室

図29　調査中の日除け

図30　小・中学生見学風景

を一時中断する。三〇分後、一六度に低下したのを確認して、公開を再開する。この間、調査員は延々と並んで待っている見学者の列に温度上昇を知らせ、見学時間の延期を了解してもらう努力をつづけた。

午後六時、公開を終了したが、一日で見学者は一万数千人に達した。記録的な人数である。

午後七時、勝田市役所大会議室において大塚団長の報告会が開かれ、市内外からの多くの参加者で賑わう。

九月二十日、セロハンによる壁面の透視複写を行う。夕刻より、石室の閉塞作業を開始する。今後の石室内部の継続的な科学調査のために墳丘から伸びるヒューム管を石室内部に通し、先端部に殺菌用のパラフォルム・アルデヒドを吊るした。閉塞は、発泡スチロールをポリエチレンで巻いて蓋扉とした。

九月二十一日より埋め戻し作業を開始する。墳丘の覆土安定と、石室内温度を保つために東京国立文化財研究所の指示により勝田消防署の消防車一台を派遣してもらい、石室上部と前庭部を中心に三〇分の散水を実施しながらの埋め戻し作業となる。

九月二十四日、埋め戻しを完了し、夕刻宿舎の中根会館で地元の人びとと盛大な交換、慰労会をもって、第一次調査の全日程を終了する。

2　第二次調査

第二次調査は、一九七四（昭和四十九）年八月一日より三十日までの一カ月間実施した。

今回の調査は、第一次調査のおり、第Ⅳトレンチ内に発見された凝灰岩群の広がりと性格を把握すること、墳丘規模の確認を中心として墳丘裾部

図 31　集石遺構の確認状況

の調査、周堀の形態、規模を明らかにすることを目的とした。

八月一日午後、調査器材の運搬、宿舎設営などの調査準備を行う。

八月二日、測量用トラバース杭の確認および再設定を行い、並行して第Ⅳトレンチの再発掘を開始する。また、墳丘主軸と直交する形で括れ部よりやや前方部に寄った南側に第Ⅴトレンチを設定した。

第Ⅳトレンチの調査では、第一次調査時に発見した凝灰岩の礫群が再確認される。礫群は石室側と墳丘中心部へ広がる傾向を示したので八月四日に東側の石室寄りに拡張して調査を進める。その結果、礫群は礫だけではなく、破砕された凝灰岩も多く含まれており、さらに数カ所にまとまって分布している状態が確認されたので「集石遺構」とよぶことにした。

図 32　集石遺構と墳丘断面

集石遺構は、古墳墳丘のベース付近に分布し、第一次調査のおり石室前庭部で確認した「旧表土」上に存在していることが明らかになった。さらに集石遺構やその上層部には、灰や焼土塊が含まれ土師器片も検出された。

八月五日、前方部正面の主軸線上に第Ⅵトレンチを設定する。この第Ⅵトレンチは、後円部東側の第Ⅱトレンチと呼応する意味をもっているものである。さらに八月六日には、前方部南側中央部に主軸に直交する形で第Ⅶトレンチを設定するなど、前方部を主とした調査を進めた。

八月十一日から墳丘規模および構造を把握するための第Ⅶトレンチと主軸線をはさんで対称する位置に第Ⅷトレンチを、次いで第Ⅴトレンチを、第Ⅰトレンチに対応する墳丘北側に第Ⅸトレンチを、第Ⅰトレンチに対応する第Ⅹトレンチをそれぞれ設定し、墳丘北側の状態を調査することにした。さらに、前方部前端の築造状態を知るために北側に第Ⅺトレンチを、南側に第Ⅻトレンチを設定して調査を進める。その結果、前方部は、前端の中央部から南側、西南端にかけての墳丘の一部分が開墾によって削平されていることが判明する。

八月十四日、第Ⅳトレンチと西側拡張区の集石遺構にはさまれて黒色の落ち込みが確認される。本落ち込みが、集石遺構の主体部ではないかと考えられたため、北側に一・五㍍拡張する。

八月十七日、第Ⅳトレンチおよび東西拡張区の集石遺構は、石室構築のための石材加工場か、あるいは墳丘築成に先立って執り行われた祭祀跡ではないかと考えられ、今後の類例の検討を待つこととした。この日より実測・写真撮影に入る。

八月十八日から二十七日にかけて集石遺構の実測と第Ⅴ〜XIIIトレンチの断面実測・写真撮影・全体測量を実施する。

八月二十八日、二十九日、埋め戻し作業を行い、器材撤収して第二次調査を終了する。

3　第三次調査

第三次調査は、第二次調査と一年間のブランクをおいて一九七六（昭和五十一）年に実施した。本調査は、当初一九七五（昭和五十）年に実施を予定したが、いわゆるオイルショックの波をかぶり一年間の延期を余儀なくされた。

今回の調査の目的は、墳丘南側の周堀の形態を明らかにすること、前方部西北隅にある陸橋状遺構存否の問題の二点を解決すべく実施された。

八月一日、午後より現場設営、宿舎整備などの調査準備を行い明日からの調査に備える。八月二日、第Ⅴ、Ⅶトレンチの墳丘裾部から周堀にかけての再発掘を行い、墳丘裾と周堀、外堤部とを露出して確認した。さらに、周堀外堤上面の状況を追及しながら発掘を進めていった結果、墳丘南側の周堀は、墳丘に沿った形で現れていった。

八月五日、第Ⅴ・Ⅶトレンチ間のすべての表土を剥ぎ、東半分をⅠ区、西半分をⅡ区として調査を進める。

八月八日、周堀Ⅰ・Ⅱ区の調査を継続し、墳丘テラス部より須恵器片、砥石などが出土する。テラスは括れ部に向かうにつれしだいに狭くなっていくことが確認される。

八月十日、周堀内の精査を行う。南側周堀は、反対側の北側周堀とは形状が異なり、墳丘に沿うように構築されていることが確実となった。

八月十一日、第Ⅴトレンチ西側テラス部分の落ち込みを調査するが性格は掴めない。

八月十二日、第Ⅴトレンチ外堤のピット状遺構の発掘を開始する。本日までに設定された各調査区の実測および写真撮影を開始する。本古墳の形状や構造がしだいに明らかになる。

八月十六日、周堀外堤の露出作業を続けるとともに、前方部西北隅にⅩⅤトレンチを、陸橋の存在が推測される部分の中央を切断する形で設定し、前方部の周堀を把握することにする。

八月十七日、前方部南裾部から周堀にかけてはかなり明瞭になってくる。前方部コーナー付近の周堀部に主体部前庭部の外堤とよく似た硬い部分が存在する。陸橋の存在が予測され、慎重に調査を進める。

八月十九日、第ⅩⅤトレンチ北側に調査区を拡張する。第ⅩⅤおよび第ⅩⅣトレンチ北西隅のレベルは約六〇㌢の落差が認められ、前方部北西側に陸橋が存在したことが明らかとなる。

八月二十一日、周堀Ⅰ・Ⅱ・Ⅲ区および第ⅩⅣ・ⅩⅤトレンチの写真撮影を行う。

八月二十二日、第XIVトレンチ西壁、第XVトレンチ東壁の断面図作成、ならびに第XIVトレンチ北壁延長トレンチの実測図作成を行う。

虎塚古墳の周堀の形状や構造を明らかにすることを主眼とした調査は、以上をもって所期の目的を達成して終了した。

一九七三（昭和四十八）年より、調査が行われた虎塚古墳の考古学調査はここにすべてを終了した。

Ⅳ　虎塚古墳の規模

1　墳丘の調査

三次に及ぶ虎塚古墳の調査では、一五本のトレンチと、トレンチに接続する拡張区、およびトレンチ間にわたる広範囲の調査区を設定して、墳丘ならびに周堀の調査にあたった。

第Ⅰトレンチ　第Ⅰトレンチは後円部南側に、後円部中心から主軸船に直行する形で設定し、内部主体探査、墳丘裾部の周堀を観る目的をもつトレンチである。

最初に設定したこのトレンチ西壁に閉塞部がかかり、墓道の全体を観察することができた。トレンチの底面には、平均五〜七㌢の厚さのしまった状態の黒色土層があり、古墳築造当時の旧表土層であることが確認できた。

この旧表土層の下には、褐色の栗色土層が在り、ローム層上面の漸移層である。

墓道の入口部分には、幅一㍍ほどの平坦なテラス状遺構があり、後円部を巡っているものと思われる。

墳丘側の周堀斜面に軟質凝灰岩の礫群が存在し

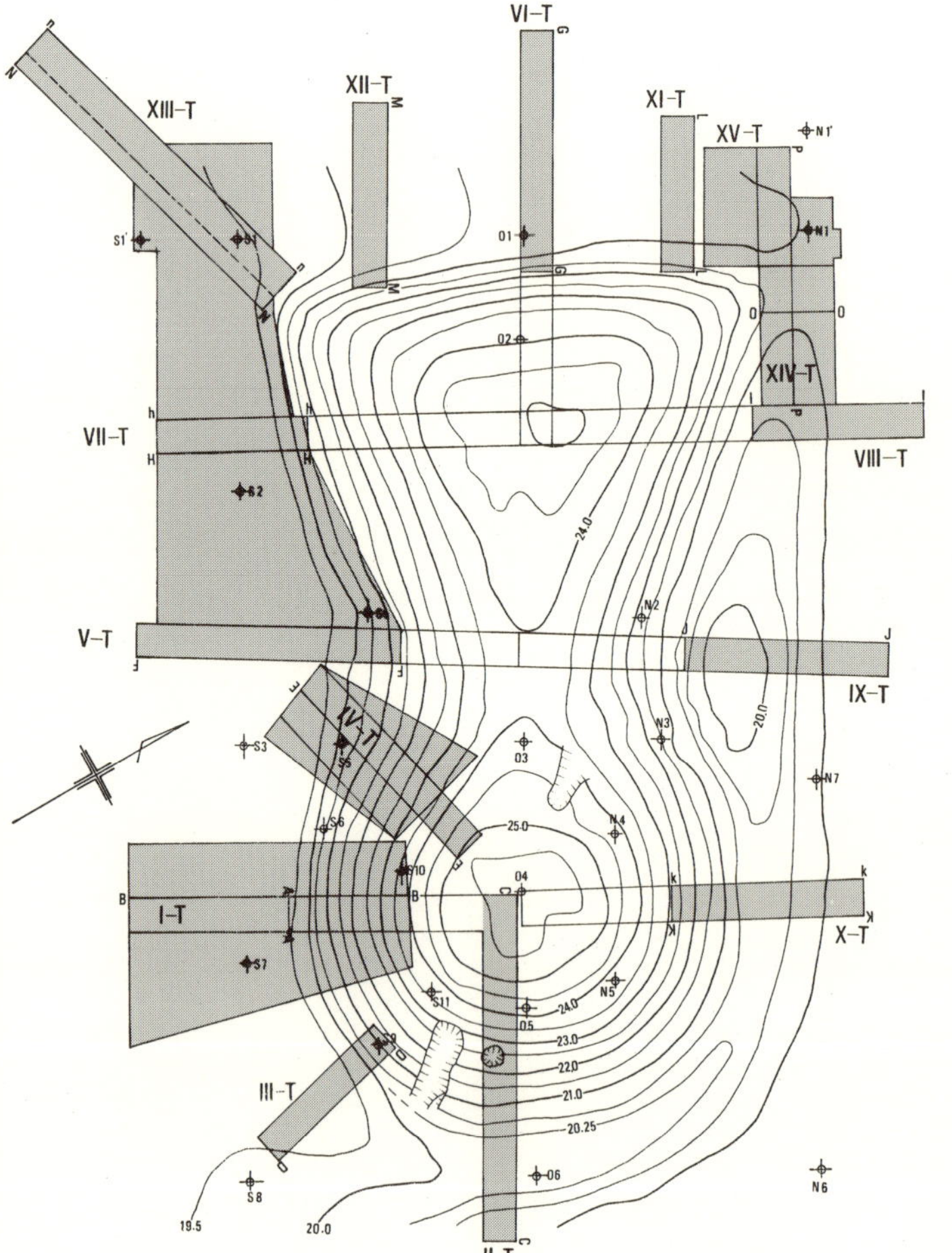

図 33　虎塚古墳トレンチ配置図（T：トレンチ）

た。礫群は、周堀斜面に浮いた状態で位置しており、周堀が自然に埋まる途中で礫群が施設されたものではないものと考えられた。

第Ⅱトレンチ　本トレンチは後円部の東側、墳丘の主軸線上に設定したもので、墳丘の築成観察や裾部と周堀などの状態を把握する目的をもつものである。墳頂部から東側の周堀外堤まで、全長一九㍍に及び、今回の調査区で墳丘を基底部まで掘り下げた唯一のトレンチであった。

トレンチ北壁断面の観察によれば、墳丘は、ローム層の赤土と黒色土の交互層をなし、墳丘中心部に向かって傾斜するいわゆる版築技法を使用しているものと考えられた。

墳裾は、旧表土層を切って整形しているが、第Ⅰトレンチで見られたテラス状遺構は、その幅がきわめて狭い状況で観察できた。ローム層は、墳丘の東側から北側にかけて厚くなっており、このことは、地山の基盤が東、北方に高くなっていることを示していた。

周堀の幅は、上縁で四・八㍍を測り、深さは現地表面より計測すると一・三㍍ばかりである。また、周堀底面の調査中に青白色の粘土層が見られ、おそらく虎塚古墳を載せる台地のローム層下部には、この青白色粘土層が存在するものと思われる。

第Ⅲトレンチ　第Ⅲトレンチは、第Ⅰトレンチと第Ⅱトレンチとの中間に位置し、墳裾ならびに周堀調査のために設定した。

墳裾部は、旧表土およびその下の栗色を呈するローム層の漸移層を切っており、第Ⅰトレンチと同様の結果を得た。墳裾のテラス状遺構は、第Ⅰトレンチよりも狭い六〇㌢を測る。このことは、第Ⅱトレンチはさらに狭くなっており、後円部の

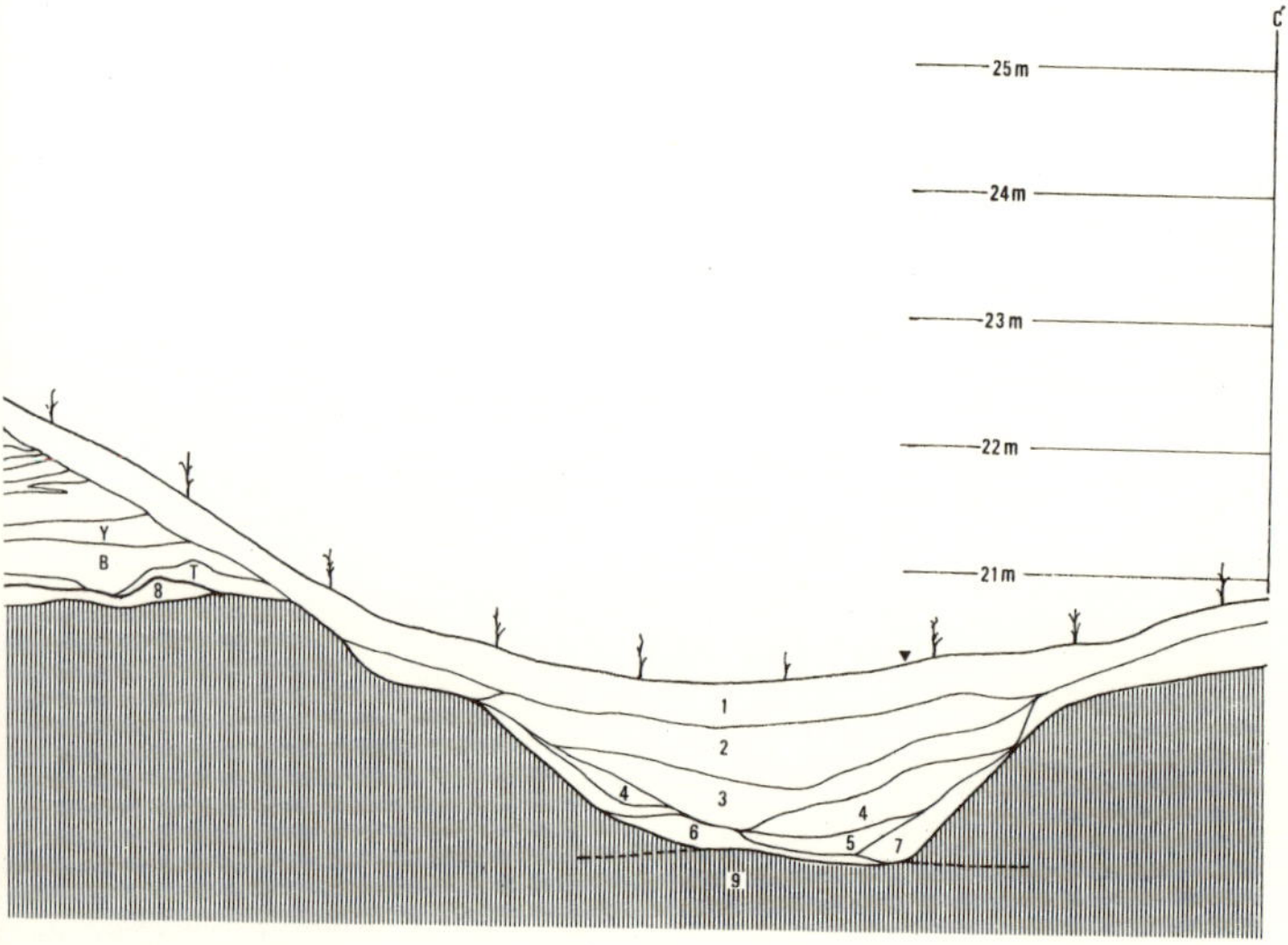

断面図（第一次調査）

8　栗色土（旧表土下、ローム直上の層）
B　黒色土（墳丘封土）
Y　黄褐色土（墳丘封土）
9　青白色粘土（地山ローム下の粘土層）
T　茶褐色土（墳丘封土）
YTB・BTY 混合土（墳丘封土）

北側では、テラス状遺構は、存在しないものと考えられる。周堀の幅は上縁で四・八㍍、深さは現地表面より一・三㍍を測り、幅、深さともに第Ｉトレンチと同様の結果を得た。

第Ⅳトレンチ

本トレンチは、後円部の墳頂部から西方向の括れ部に向けて設定したもので、墳丘主軸と四五度の角度を振って位置している。当初は内部主体探査の目的をもって設定したが、内部主体発見後は、墳丘築成状態を観察するトレンチとなる。このトレンチの墳部裾付近から軟質凝灰岩礫の集中地点を検出して、「集石遺構」発見の端緒となった。

墳裾は、第Ｉトレンチと同様な状態で、テラス状遺構の幅も一㍍と前庭部とほぼ同じ程度の広がりを示していた。

軟質凝灰岩礫は、墳裾の切断面より墳丘内側に偏り発見され、旧表土面上に存在していた。墳丘

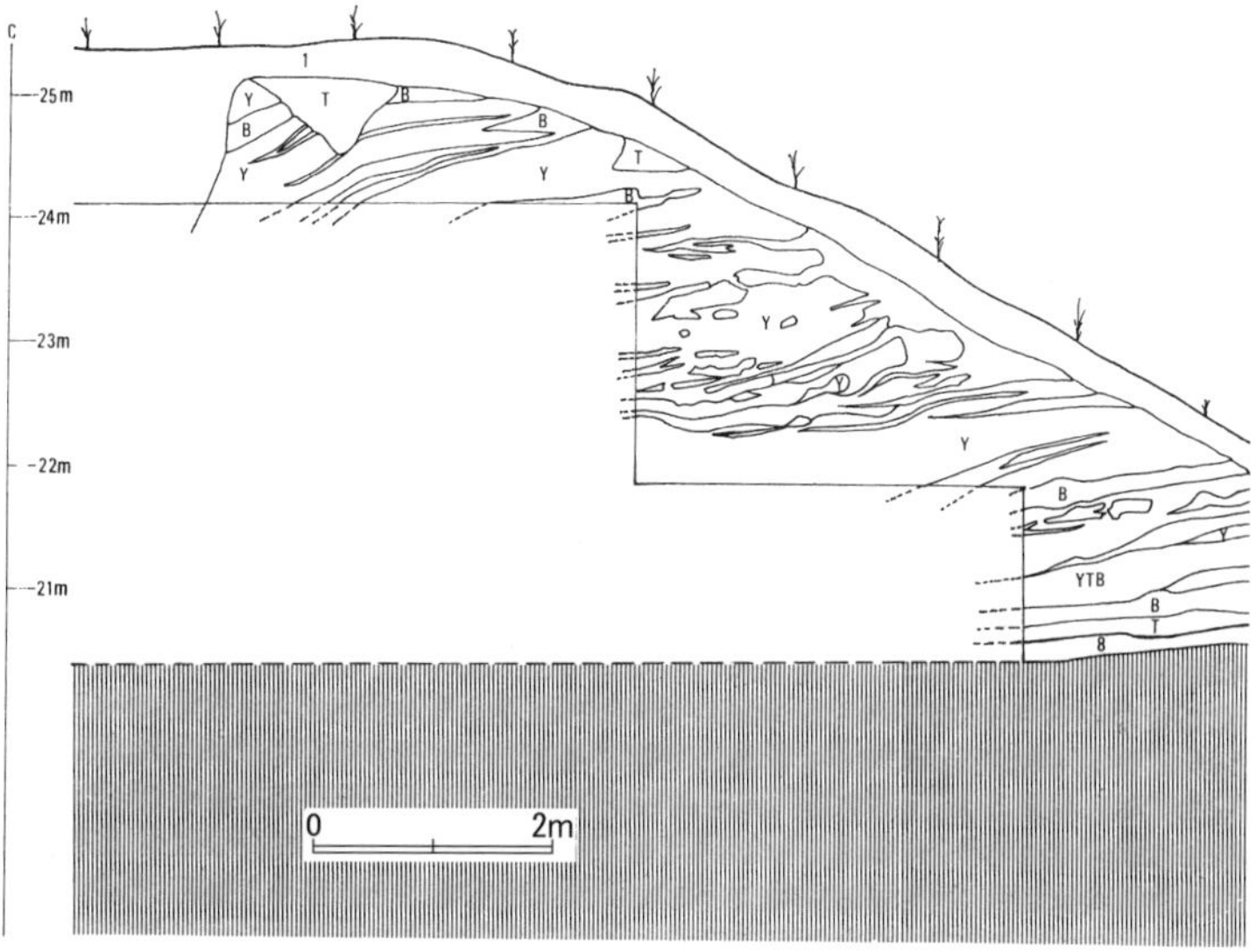

図 34 第Ⅱトレンチ北壁

1 表土
2 黒褐色土（ローム粒を含む）
3 暗褐色土（ローム粒を含む）
4 暗黒褐色土（ソフトロームの風土化）
5 暗褐色砂
6 黄褐色粘土
7 黄褐色土（ロームの崩落土）

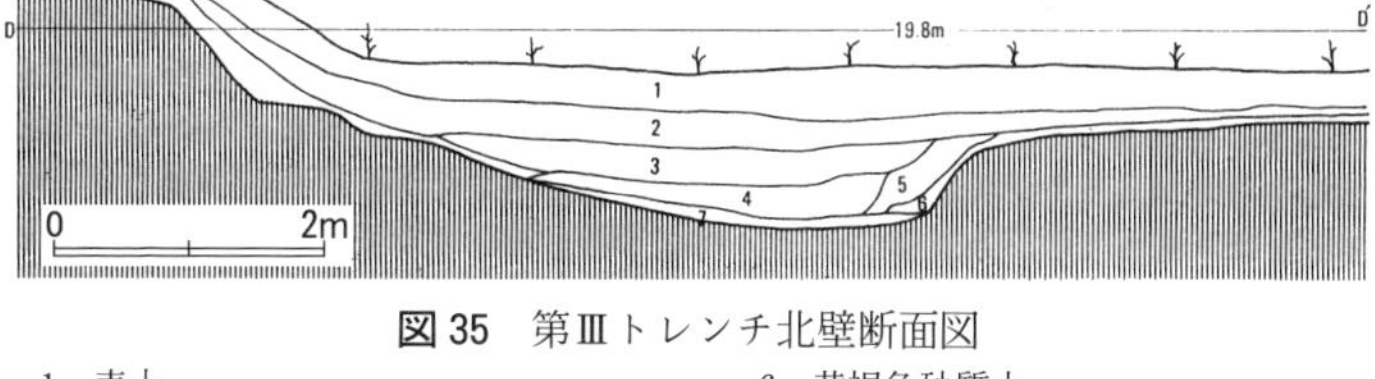

図 35 第Ⅲトレンチ北壁断面図

1 表土
2 暗褐色粘質土
3 黒色粒状土
4 褐色土混入黒色粒状土
5 黄褐色土（粘性あり）
6 黄褐色砂質土
7 黒色有機質土
8 黒色土（墳丘封土）
9 暗褐色土（墳丘封土）

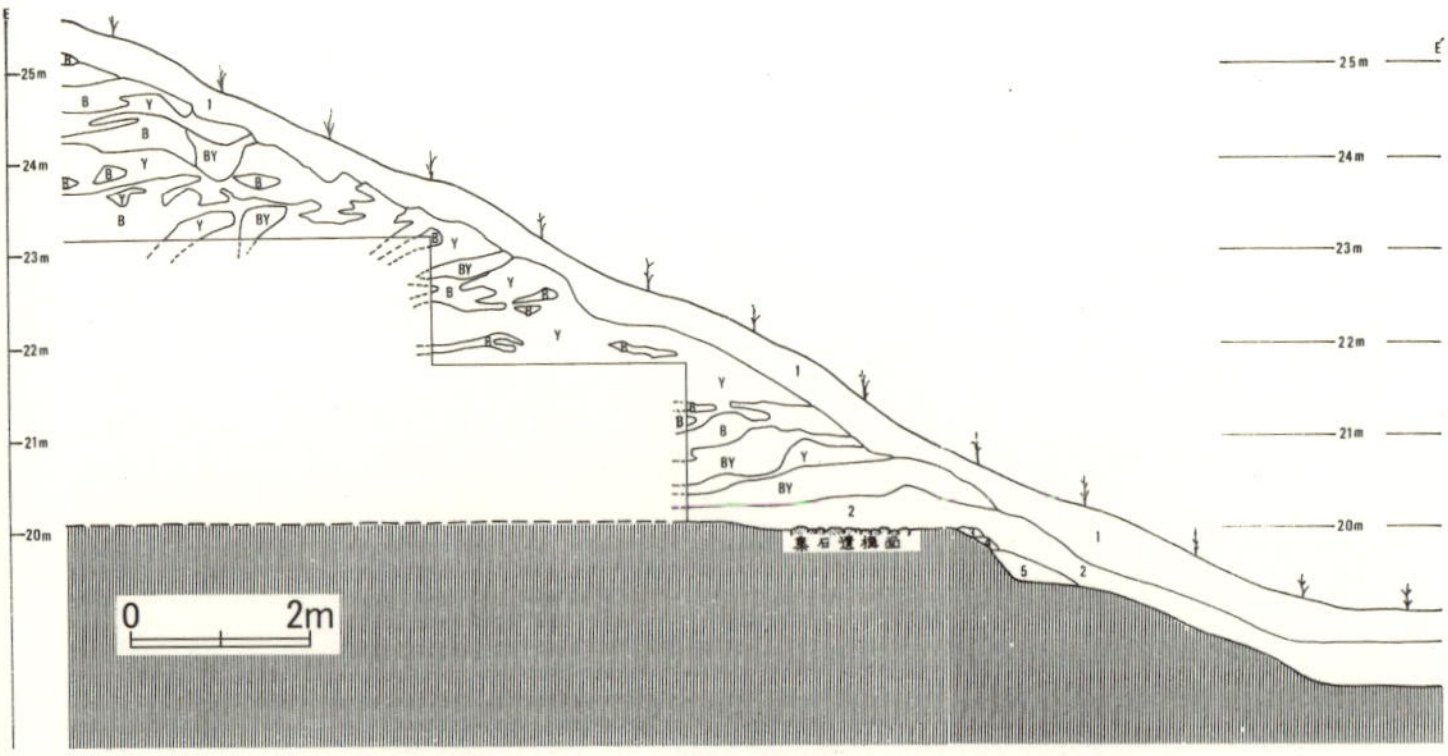

図 36　第Ⅳトレンチ東壁断面図（第一次調査）

1　表土
2　黒色土（旧表土の再堆積土）
3　黒色土（焼土が多量に混入）
4　黒色粒状土（ブロック状の堆積）
5　暗黄褐色土
B　黒色土（粒子の粗いもの、墳丘封土）
Y　黄褐色土（ローム塊を中心とする墳丘封土）
BY　黒褐色土（粒子の粗いもの、墳丘封土）

封土は、版築状に構築され、また墳丘内側に傾斜するなど、他のトレンチとも共通していた。

第Ⅴトレンチ

第Ⅴトレンチは、括れ部南側に墳丘主軸と直交する形で設定したもので、墳裾、周堀、周堀外堤観察のためのトレンチである。墳丘基底部のローム漸移層は比較的厚目に堆積しており、旧表土層は確認することができなかった。また、このところは、墳丘南側で知り得た最高地点にあたり、古墳の造営には意識的な計画をもって墳丘の中心的な位置づけをしたように考えられる。

第Ⅵトレンチ

第Ⅵトレンチは、前方部中央前端部の墳丘主軸線上に設定し、後円部東側に設定した第Ⅱトレンチと同一線上に対応して位置し、古墳主軸長を計測するのに必要なトレンチである。

墳裾は栗色の漸移層およびその下の軟質ローム

層を掘り込んでおり、旧表土層は確認することができなかった。墳裾に観られる平坦なテラス状遺構は、平均して二〇㌢とかなり狭い状態で確認された。

周堀はテラス状遺構から緩やかな傾斜をもって始まり、外堤の傾斜は急に立ち上がる。周堀の幅は、上縁で五・一㍍、堀底までは、最深部で現表土下一・六㍍を測る。

外堤から一〇㍍ほどトレンチを延長して調査を進めた。その結果、外堤の外側では、竪穴住居跡と、住居跡にともなうと考えられるピットが一カ所確認できた

外堤外側部分は、開発が著しく行われ、さらに重機による整地もなされており、竪穴住居跡の上半部は削平されているものと思われる。竪穴住居にともなう遺物は検出されてない。

第Ⅶトレンチ　第Ⅶトレンチは、前方部南側、前方部中ほどに設定されたトレンチで、墳裾、周堀、周堀外堤の状況を観察するためのものである。

墳裾は、旧表土およびその下の漸移層を切断して形成し、テラス状遺構は、この漸移層中につくられている。

周堀は、墳丘側のテラス状遺構から緩やかな傾斜をもって掘り込まれ、外堤側では急激な立ち上がりを呈している。この急な立ち上がりに沿うような形でロームブロックを含む黒色土が、周堀底に貼り付くように堆積しており、外堤用の土堤が存在していた可能性が考えられる。周堀の幅は、上縁で、三・五㍍と狭く、深さは現地表下一・七五㍍を測る。とくに周堀幅は、第Ⅴトレンチの七・五㍍の周堀幅に対して半減している。このことは、虎塚古墳の周堀に対しては左右対称の盾形

の周堀を想定していたが、この第Ⅶトレンチの所見から新たな問題を提起することになった。

第Ⅷトレンチ　本トレンチは、前方部北側に位置し、第Ⅶトレンチと墳丘主軸線をはさんで対峙するトレンチとして、設定する。このトレンチは、墳裾、周堀、周堀外堤の状況を把握する目的をもつものである。

墳裾部には、平坦なテラス状遺構は存在していない。墳裾から緩斜面がつづいて周堀となり、明確な墳裾を決定することはできない。

さらに、前方部北西側の陸橋状遺構にも接しており、墳裾の確認は、本トレンチの断面だけでは不可能であった。

周堀は、墳丘側では、緩やかな斜面を呈して堀底へと下がり、外堤側では、急激な立ち上がりとなっている。周堀の深さは現地表下一・五㍍を測るが、堀底面の高さは前方部北西隅の陸橋状遺構に向けてレベルアップしている。

第Ⅸトレンチ　第Ⅸトレンチは、括れ部の北側、南側の第Ⅴトレンチと墳丘主軸線をはさみ対称的な位置に設定し、墳裾、周堀、周堀外堤の状態や外堤外側における遺構の有無を確認するためのトレンチである。

本トレンチ面では、ローム層の堆積が厚く、墳丘の盛土は墳丘全高の半分程度と考えられる。墳裾は、ローム面を垂直近く掘り込んで整形しており、周堀との境界は明らかに劃されるが、平坦なテラス状遺構は明確な状態では存在していない。

周堀外堤、墳裾同様にローム層を急傾斜で掘り込んで成形し、最下底では、ローム層下の青白色粘土層をも切り込んでつくられ、その高さは二㍍近くある。周堀の幅は、九・五㍍といちばん広くつくられ、周堀底面までは、現地表から一・一㍍の深さを測る。

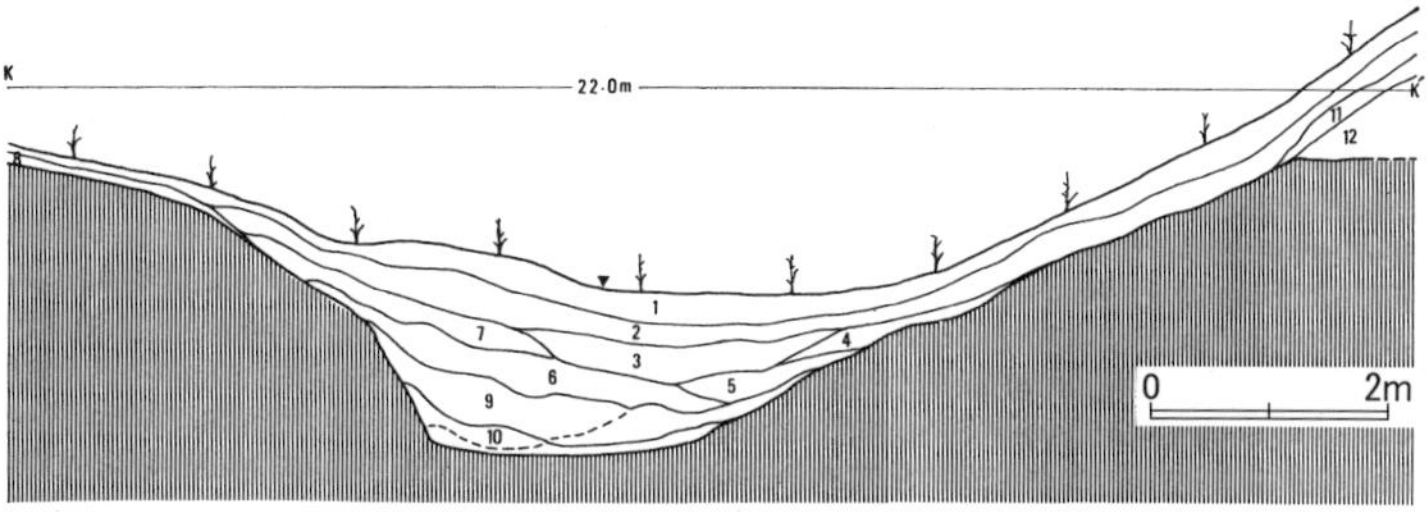

図 37 第Xトレンチ東壁断面図

1 表土
2 茶褐色土
3 黒色粒状土
4 暗褐色土（ローム粒を多量に含む）
5 茶褐色土（ローム風化土に黒色粒状土が混入）
6 黄褐色土（ローム崩壊土、粘性あり）
7 暗黄褐色土（ローム風化土）
8 黄褐色土（ロームの風化土、ソフトローム）
9 黄褐色土（ローム崩壊土、粘性なし）
10 暗褐色土（有機質土を含む）
11 暗褐色土（封土表面の崩落土）
12 封土（黒色粒状土）

第Xトレンチ 第Xトレンチは、後円部北側、墳丘主軸線に対して第Iトレンチと対称する位置に設定し、後円部墳裾の確認と周堀、周堀外堤の調査を目的としている。

墳裾は、ローム層を切断して成形されているが、平坦なテラス状遺構は存在せず、そのため墳裾から周堀への境界は一線を劃して区別できない状態である。本トレンチ内では、地山のローム層がかなり厚く堆積しており、また、その上の旧表土層の堆積が薄いことなどが判明した。さらに、この墳丘基盤のローム層のレベルが高く、そのため、墳丘封土の盛り土が高い位置から開始されている。

周堀は、緩やかに下降し、周堀外堤は、垂直に近い立ち上がりを示している。さらに、外堤外側は、なだらかな傾斜を呈している。

本トレンチでの周堀幅は、四・五㍍を測り、深さは現地表下一・五㍍ばかりである。

第Ⅺトレンチ

第Ⅺトレンチは、前方部前面の北側で、前方部西北隅と前方部前面の中心点との間の、墳丘主軸と平行する位置に設定したもので、墳裾、周堀、周堀外堤を明らかにする目的をもっている。

さらに、このトレンチは、前方部墳丘主軸線上に位置する第Ⅵトレンチと七㍍の間隔を置いて平行している。したがって、第Ⅵトレンチにつづいて、墳裾、周堀がどのような状態で巡っているのかを明確にするためのものでもある。

墳裾は、軟質ローム層を掘り込んで整形し、周堀は、平坦なテラス状遺構から緩やかな傾斜面で始まるなど、第Ⅵトレンチと同様である。堀底は、パミス層を掘り抜いており、周堀外堤は垂直に近い状態で立ち上がる。

第Ⅺトレンチ内での周堀の幅は上縁で五・〇㍍、深さは、現地表面から一・六㍍を測る。

第Ⅻトレンチ

第Ⅻトレンチは、前方部墳丘主軸線をはさんで、第Ⅺトレンチと対称的な位置に設定し、墳裾、周堀、周堀外堤の確認を主たる目的とした。

本トレンチ内の北側から南側にかけて若干の傾斜を示すローム層の下には、黄褐色を呈するスコリア層が堆積している。周堀は、このローム層とスコリア層を切断して形成されている。周堀の断面は、墳丘裾部から緩やかな斜面で下降し、周堀外堤では急激な立ち上がりを呈するなど、第Ⅵ・Ⅺトレンチとほぼ同様な状況を示している。

周堀外堤付近は、開墾作業によるかなりの深さに及ぶ削平作業が行われており、そのため、詳しい周堀の掘り込みや外堤の有無などは確認することができなかった。

周堀の上縁幅は、外堤の削平が著しいために詳

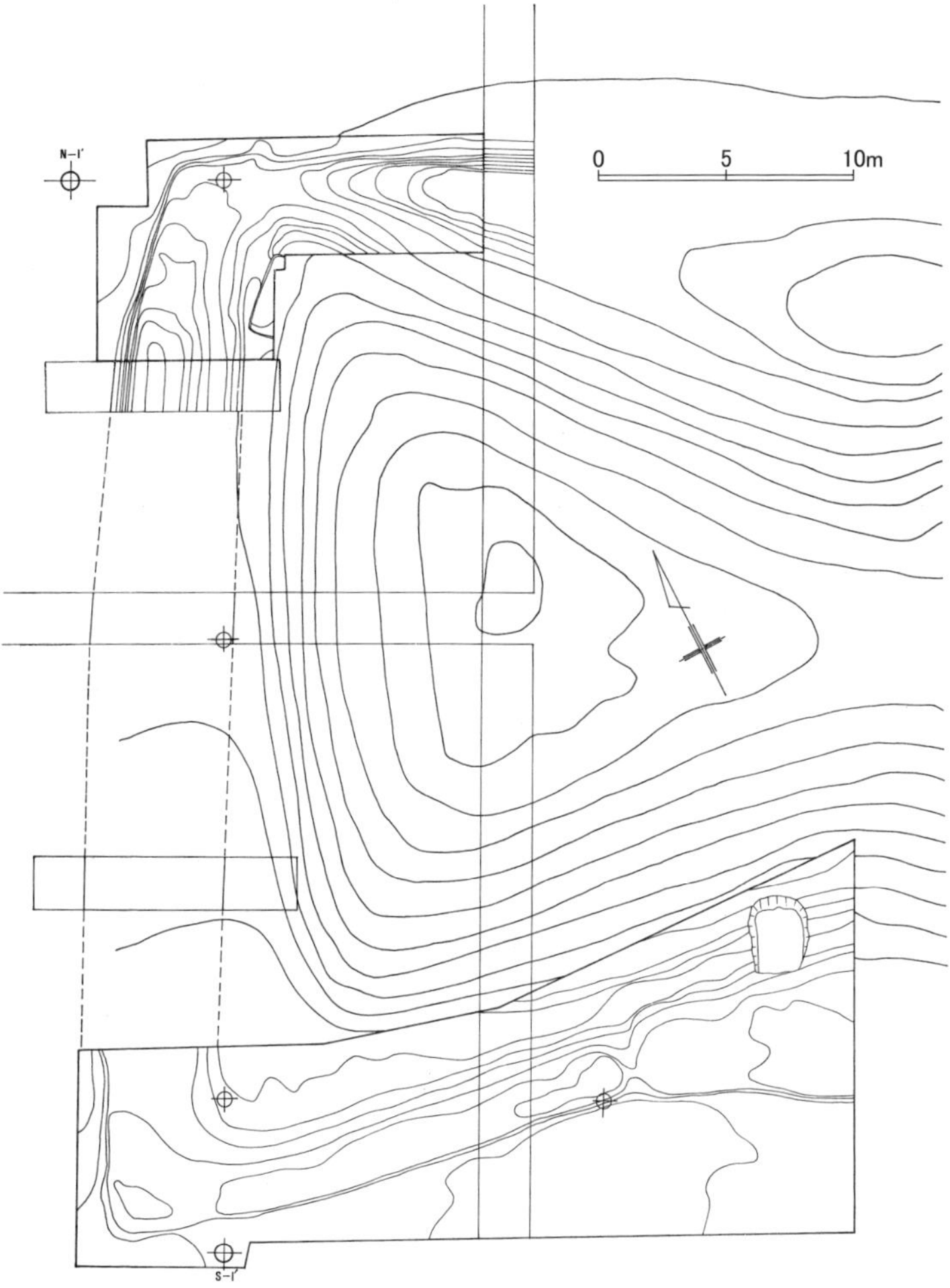

図 38　前方部発掘区と周堀実測図

らかではないが、垂直に近い立ち上がりの周堀下縁が、第Ⅵ・Ⅺトレンチの下縁と一直線上に位置するところから、推定で約五・〇㍍と考えられる。周堀の深さは、現地表面から一・五㍍を測る。このことは、地表面が北から南へ緩やかな傾斜を見せているにもかかわらず、現地表面から周堀底までは、第Ⅵ・Ⅺ・Ⅻトレンチとも一・五㍍とまったく同じであり、周堀底も北から南にかけて緩やかに傾斜していることを示している。

第ⅩⅢトレンチ

第ⅩⅢトレンチは、墳丘主軸線と四五度の角度をなし、前方部南西隅に設定した。本トレンチ調査の主たる目的は、墳裾、周堀、周堀外堤の確認であるが、本域が古墳の占地する台地上で最もレベルが低い地点である。そのため、周堀が、この前方部南西隅で直接谷部に向けて開口するのではないかと考えられたが、調査の結果、本トレンチ内では周堀外堤は完結していた。

墳裾は、開墾時の削平により著しく変形しており、原形を止めていない。墳裾から周堀への移行は、緩やかな傾斜をもってローム層を切り込み、外堤での立ち上がりは垂直に近いなど、他のトレンチと同様である。しかし、もともと地山の低いところであり、テラス状遺構などは確認できていない。ローム層の掘り下げも他のトレンチと違い、きわめて浅い状態であった。

周堀幅は、墳丘西南隅で約七・〇㍍を測り、深さは、現地表下一・〇㍍ばかりである。

第ⅩⅣトレンチ

第ⅩⅣトレンチは、前方部北西隅の陸橋状遺構の確認のためのトレンチで、前方部北側に設定された第Ⅷトレンチに直行する形で、前方部北西隅に延ばして設置されたものである。

調査の結果、周堀底部が前方部北西隅に向かっ

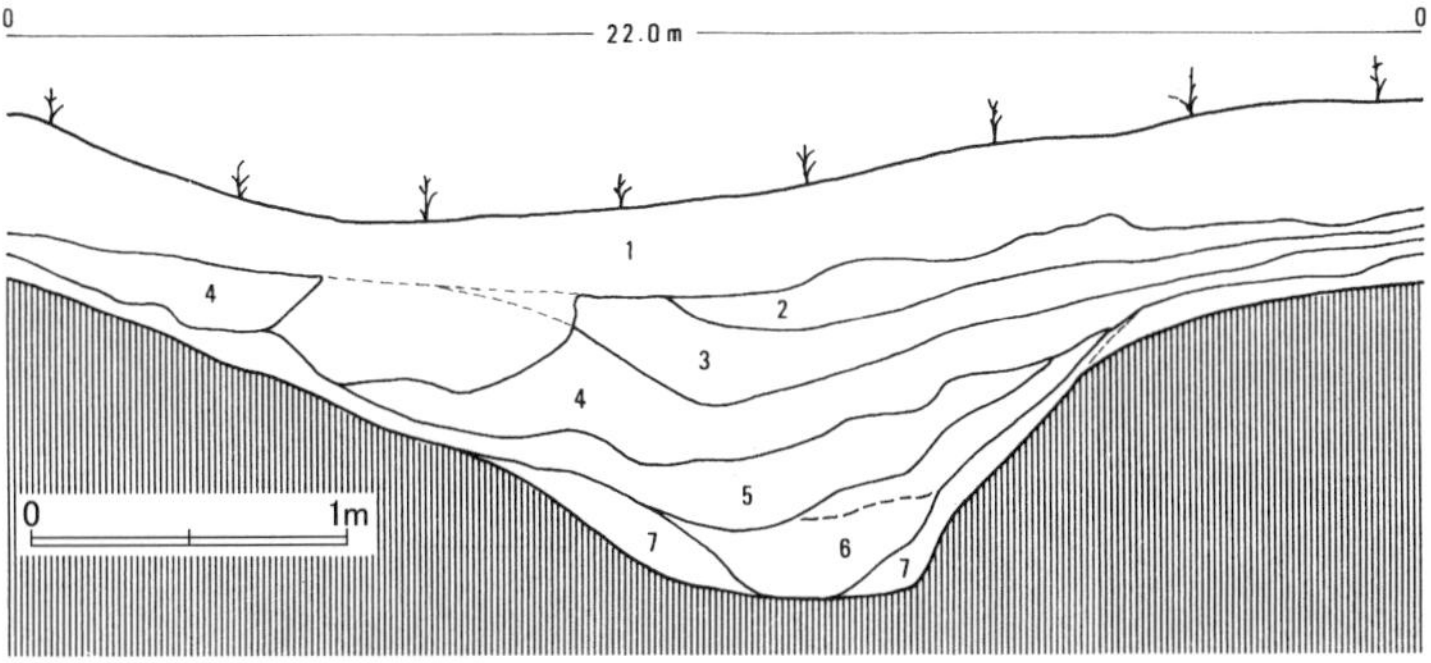

図39　第XIVトレンチ西壁断面図

1　表土（一部分撹乱）
2　黒褐色土
3　黒色粒状土
4　褐色暗土（黒色粒状土にローム粒を多量に含む）
5　黒褐色土（ローム粒を含み粘性あり）
6　暗褐色土（　　　〃　　　）
7　褐色土（ローム風化土、崩落土）

て高くなりつつあることを確認し、前方部北西隅に陸橋状遺構の存在が示唆されたことになった。

第XVトレンチ

第XVトレンチは、第XIVトレンチの延長として、前方部北西隅に向かって設定し、陸橋遺構部にかけて調査した。さらに、第XIトレンチとの間に三・五㍍の幅で本トレンチを延長して、前方部北西隅の陸橋部を平面的に発掘した。その結果、前方部北西隅には、墳丘裾から周堀外堤に連なる陸橋状遺構を確認した。周堀はこの部分で切断される形となる。

陸橋部分は、地山のローム層の最上面をそのまま残して前方部正面側と後円部側とにそれぞれ緩やかな傾斜を呈して掘り込んでいる。

また、西北西の墳丘基部に竪穴住居跡一軒が確認できたが、周辺には弥生時代後期の東中根式土器の細片が散在しており、この時期の住居跡と考えられる。

2 墳丘の規模

虎塚古墳は、発掘調査に先駆けて実施された墳丘測量によって得られた墳丘の規模は、主軸全長五二・〇㍍、後円部直径二八・〇㍍、同高さ五・五㍍、前方部前端部幅二八・五㍍、同高さ五・〇㍍である。しかしながら三次に及び、墳丘に一五本のトレンチを設定して調査を進めた結果の所見から得られた築造当時の虎塚古墳の規模は以下に示す計測値が得られた。

・主軸方位　N—六七度三〇分—W

この主軸方位は、後円部直径の中心点と、前方部前端の中心線を主軸としたときの方位である。

・主軸全長　五六・五㍍

主軸全長は、後円部第Ⅱトレンチの周堀底面の平坦面から墳丘側への立ち上がりの傾斜変換点から、前方部第Ⅵトレンチでの周堀底面の平坦面から墳丘側への立ち上がりの傾斜変換点までの水平距離とした。

・後円部直径　三二・五㍍

第Ⅰトレンチのテラス状遺構の末端、周堀底面への傾斜変換点から第Ⅹトレンチの周堀底面の平坦面から墳丘側への立ち上がりの傾斜変換点までの水平距離とした。

・周堀を含めた主軸全長　六三・五㍍

第Ⅱ、第Ⅵトレンチにおける外堤部のローム層切り込み点（上縁部）の二点間の距離とした。

・前方部前端部の幅　三八・五㍍

前方部西南隅の前方部下端部から前方部西北隅の陸橋部最高所の平坦部中心線を結んだ水平距離とした。

・後円部の高さ　七・五㍍

周堀底面から後円部最高点までの垂直距離とし

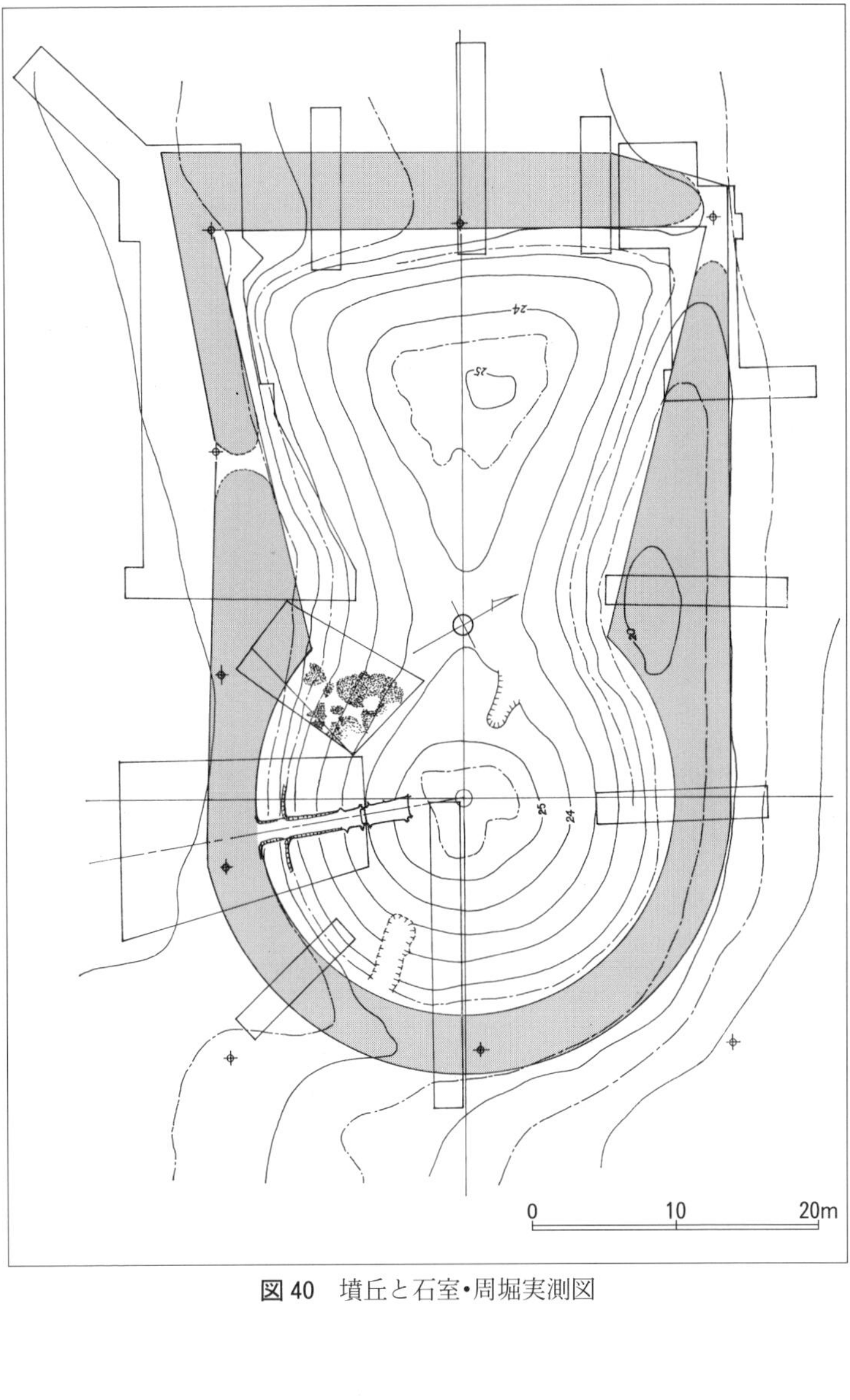

図 40　墳丘と石室・周堀実測図

た。

・前方部の高さ　七・二㍍

周堀底面から前方部最高点までの垂直距離とした。

3　墳丘の特徴

虎塚古墳は、東中根台地の先端部に主軸をN―六七度三〇分―W、全長は五六・五㍍を測る前方後円墳で、墳丘は良好に残されている。主軸を東西方向に設定したのは意味があることと考えられる。台地の縁辺部に古墳を築造する際においては、虎塚古墳は後期古墳に見られるいわゆる山寄せの前方後円墳の形式を意図的に組んで築造されたものと考えられる。

墳丘を載せる台地地形図実測図の前方部では、北側の二一・五㍍のラインと南側の一九・五㍍のライン間の距離は三五㍍を測る傾斜を示している。このことは、前方部に設定した第Ⅶ・第Ⅷトレンチの断面図を比較すると一目瞭然であり、第Ⅶトレンチでは、ローム面を約一㍍掘り込んで周堀をつくっているのに対し、第Ⅷトレンチでは、ローム面を二・一六㍍と倍以上の深さを掘り込んで周堀をつくっている。

さらに、括れ部北側の第Ⅸトレンチの断面図では、少なくとも二・七一㍍以上のローム層を掘り込んでおり、周堀の底はローム層下の粘土層をも切り込んでいる。

そのため、括れ部の墳丘盛土は、墳丘全高の半分程度であったものと考えられる。

実際、虎塚古墳の墳丘前に立った場合、とくに前方部西側から見ると雄大な墳丘を観察することができるが、一方、北東側から観察するとその目線は墳頂部とあまり違いのない高さとなり、どちらかといえば小さく感じられ、同じ古墳の墳丘かと見間違うほどの錯覚に陥ってしまう。

それにしても、このような傾斜地に主軸を中心にしたシンメトリーに優美な墳丘を築くには、綿密な設計があったものと思われ、その技術に驚かされる。しかも、後円部の中心部から南向きに開口する横穴式石室の設置などその技術の高さを見ることができる。

さらに、古墳時代後期の七世紀初頭に構築されたと考えられる虎塚古墳の墳丘の特徴の一つとして、後円部直径三二・五㍍に対して、前方部端部幅が三八・五㍍であり、前方部端部幅が後円部直径をわずか六㍍しか凌駕していないことであろう。このことは、双方の墳丘の高さにもいえ、後円部の高さが五〇㌢しか高くないことでもわかる。

虎塚古墳に先行して築造されたと考えられる金上大平一号墳は、推定全長四八・〇㍍と虎塚古墳よりやや小規模を呈し、後円部直径二六・四㍍に対し前方部端幅推定三三・四㍍と大きく前方部が開いている。

虎塚古墳の前方部の未発達は、北側の周堀が墳丘に対して盾形に巡らされていることにも起因しているものと考えられる。

周堀の調査

墳丘南側に設定した、第Ｖ・第Ⅶ・第ⅩⅢ各トレンチの調査結果から前方部南側の周堀の形態に若干の疑問が生じた。

このことは、第Ｖトレンチでは、周堀の外堤線が石室前庭部の周堀の外堤線と一直線に連続しておらず、また、第Ⅶトレンチでは、前方部のなかほどより前方部先端にかけて周堀外堤線が、第Ｖトレンチと異なる結果を生じた。

墳丘の東北側では、地形測量の等高線や、第Ⅷ・第Ⅸ・第Ｘ各トレンチの調査結果からいわゆる「盾形」を呈する周堀であることが確認された。本来、左右対称に巡らされる周堀に対し、本古墳では、形態の異なる周堀である可能性が出てきた。

このため、第三次調査では、前方部南西側の周堀の全容を把握すべく、第Ⅴトレンチと第Ⅶトレンチの間を周堀第一区、第Ⅶトレンチと第Ⅷトレンチの間を周堀第二区に分割して発掘調査を進めた。

周堀第一区

周堀第一区の外堤境界線は、一区のなかほどで、墳丘に沿う形で開き気味に曲折していることが確認できた。

前方部のテラス状遺構は、第Ⅴトレンチでは明らかにすることができなかったが、第Ⅴトレンチと第Ⅵトレンチの中間あたりから明確に把握することができた。第Ⅵトレンチの西側壁面でのテラス状遺構の幅は一・二㍍を測ることができた。

このテラス状遺構の上面は、地山のローム層の上面と一致しており、テラス状遺構は、本来、墳丘の盛土が開始される最下底に面しており、墳丘構築の際に必要な構造物と考えられる。

一方、前方部のなかほどの周堀外堤が曲折するあたりの周堀底面は、やや高まりの部分が確認され、外堤掘り込みの壁に接続する形を呈していた。この高まりの部分は、高さ六～一〇㌢を測り、周堀を区画するような陸橋状遺構が存在していた。

周堀第二区

第二区の墳丘側の表土を調査してみると、前方部北西側の墳丘盛土がかなりの部分が削平されていることが確認されるようになった。

第Ⅶトレンチで確認されたテラス状遺構は、地山のローム層上面であり、前方部にいくにしたがって広がる傾向を示した。その結果、前方部西北端の墳丘盛土がかなり削り取られていることが明白になった。

本調査区は、墳裾のローム層切り込みや周堀のローム層の切り込みも良好な状態で原形が保たれていた。

周堀の形態と規模

周堀の平面形は、墳丘の北東側は、外堤線がほぼ一直線に並び、いわゆる「盾形周堀」を示している。一方、墳丘南西側の周堀は、石室前庭部の周堀外堤線が墳丘寄りに曲折している。そして、括れ部付近で、墳丘に沿う形を示し、前方部の開きに応じて、周堀も形成されたものと考えられる。

虎塚古墳の周堀は、北東側は「盾形周堀」と南西側では墳形に沿った形と異なる非対称のきわめて類例の少ない周堀といえる。

周堀の幅

周堀の幅は、外堤部の上縁を基準に計測したが、墳丘側は緩斜面に掘り込まれているため、周堀のはじめの基準点を求めることが困難であった。

したがって、周堀の外堤上面のレベルと同一のレベルを墳丘側の緩斜面の一点を求めて両点間の水平距離を周堀の幅とした。

このようにして求めた周堀の幅は次のとおりである。

石室前庭部　四・〇㍍
後円部北東側　六・五㍍
後円部南東側　五・〇㍍
括れ部北東側　九・五㍍
括れ部南西側　五・五㍍
前方部北東側　六・一㍍
前方部南西側　三・二㍍
前方部前端　五・一㍍

また、周堀底面のレベルは全体的に北東側が高く、南西側が低く周堀のなかで最も高い地点は、前方部北東隅の陸橋部の二〇・〇㍍である。また、最もレベルが低かったのは、括れ部南西側（第Ⅴトレンチ）と前方部南西側（第Ⅶトレンチ）で、それぞれ一八・〇〇㍍であった。

V　石室の構造と出土遺物

1　石室の構造

虎塚古墳の内部主体は、後円部南側に開口する全長約四・六㍍を測る両袖型玄門付横穴式石室である。

玄門奥壁、左右側壁および玄門部に壁画が描かれ、さらに玄室天井、床および羨道天井、玄門框《かまち》石、楣《まぐさ》石、袖《そで》石には赤色顔料が塗られている。

石室内の壁画は白色粘土による丁重な下塗りを施し、とくに、円文などはコンパスで線刻した上に赤色顔料により塗彩されている。

石室の中軸線は、N—一五度—Eを示し、石室構築に用いられた石材は、付近から産出する軽石凝灰岩である。

玄室　玄室は玄門により、羨道と区別される。

玄室は、一枚の奥壁、二枚の西側壁、一枚の東側壁、三枚の天井石、七枚の床石の、計一四枚の板石によって構成されている。

玄室の長さは、東側壁で二・八五㍍、西側壁で二・八〇㍍を測る。幅は、奥壁寄りで一・八五㍍、玄門袖石の直前で一・三八㍍と奥壁寄りが広くつ

図 41　横穴式石室実測図

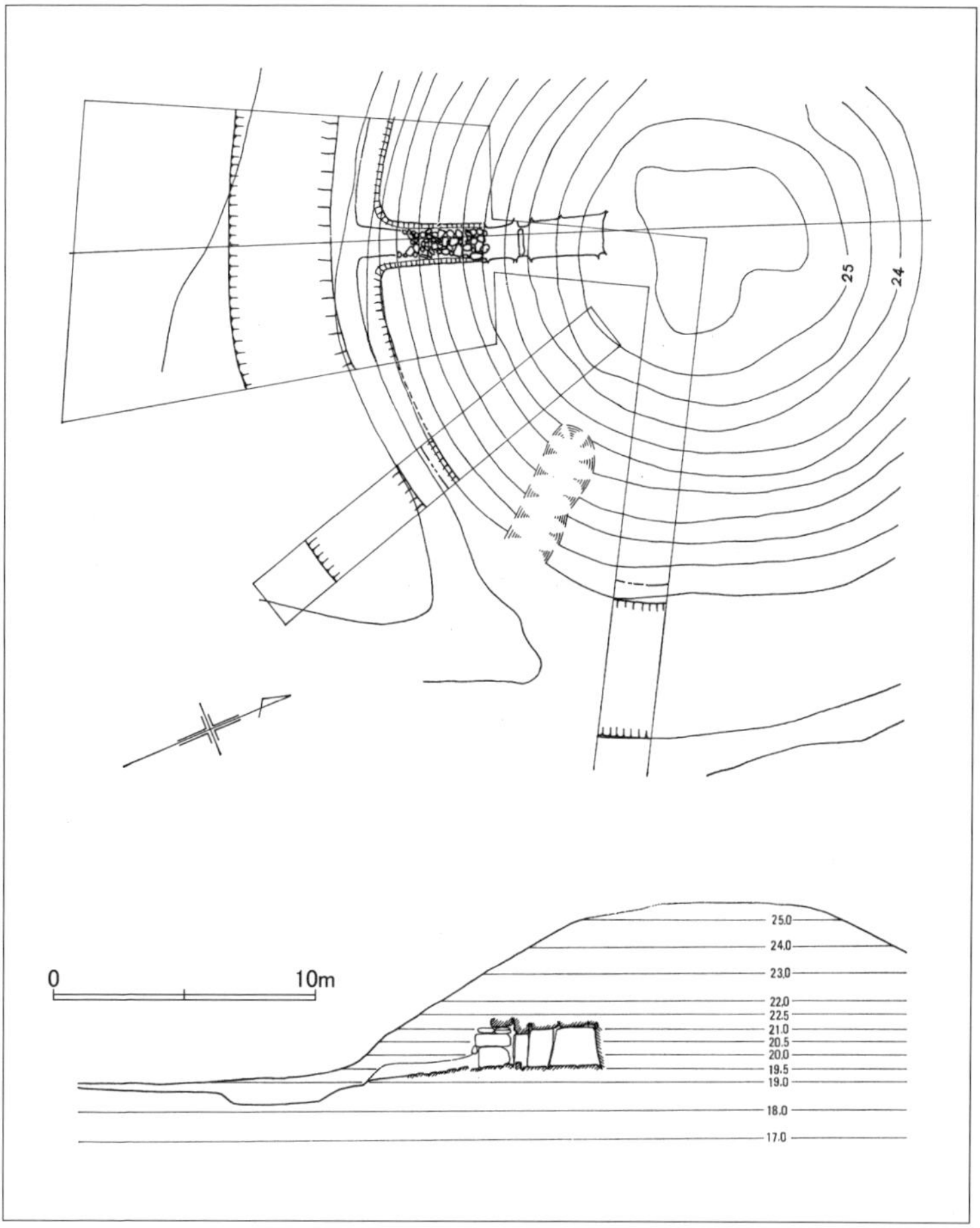

図 42　墳丘と石室の関係図

くられている。高さは、奥壁寄りで一・五三㍍、玄門袖石の直前で一・三三㍍とこれも奥壁寄りが高く、また、床石はほぼ水平であるので、天井石は奥壁から玄門に向けて約二〇㌢ほど傾斜している。

奥壁は、一枚石の大石によって形成されているが、奥壁石東側下端部が東側壁と接しているところで、東側壁との隙間を埋めるような形で三角錐状の石が詰め石として置かれている。同様に、奥壁石の東側上端部や西側上端部においても詰め石として三角錐状の石がそれぞれ天井石との間に置かれている。

東側壁石は、一枚石により構成される。長さは、床面上で二・六㍍、最も長いところで二・八㍍を測る。高さは、天井石の傾斜にあわせるように玄門にいくに従って低く減少している。東側壁石は、床面に近い部分は壁面が平らで滑らかであるが壁画が描かれている部分は凹凸が著しい。

西側壁石は、二枚の切石により形成される。奥壁寄りの側壁石は、床面上で長さ一・八五㍍、上端部では一・四五㍍と下端部が広い台形状を呈している。奥壁と接する部分の上端部には、長さ四〇㌢、高さ一五～一八㌢ほどの石が天井石との隙間に詰められている。さらに、玄門部楣石との接点においても同じように隙間に小さい石が詰められている。

二枚の側壁石の接合部は、平らに滑らかにつくられており、よく密着している。

天井石は、三枚の切石で構成される。三枚の天井石の接合部は、平滑に密着しており、全面に赤色顔料が塗布されている。天井石は粗い調整が施されており、その痕跡が明瞭である。

玄室床面は、七枚の切石を用いた敷石が認められた。敷石は、上面が平滑につくられており、さ

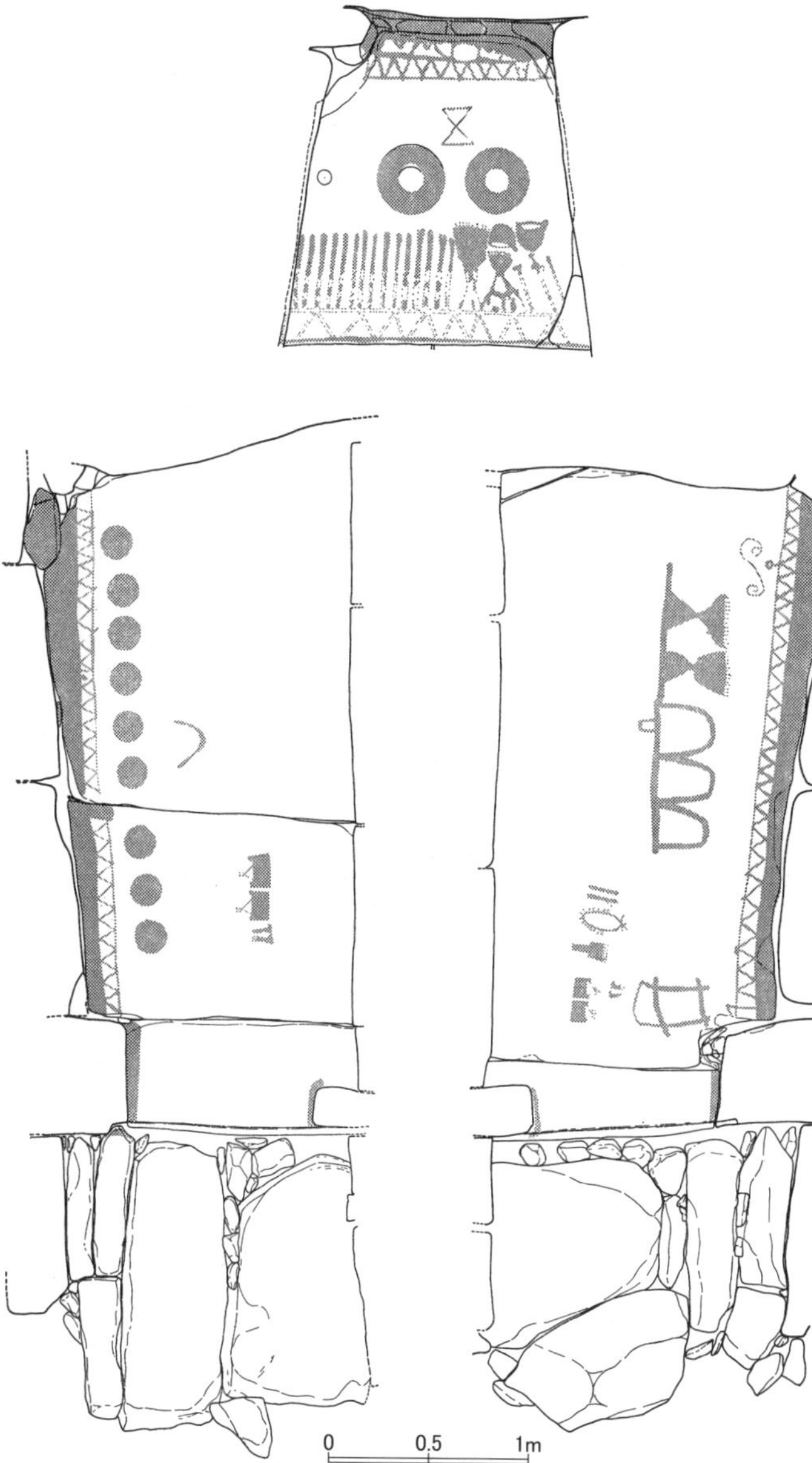

図 43　石室内壁画実測図

図 44　玄門部（右）

図 45　玄門部（中央）

らに敷石上には白色粘土が塗られていた。敷石間および側壁石との隙間には、白色粘土が目張りとして詰められ、その上にさらに赤色顔料が塗布されている。

玄門部

玄室と羨道部を区分する玄門部は、東・西両壁面より突出した袖石と袖石の上に架構された楣石、そして袖石間の床面上に置かれた框石によって構成される。虎塚古墳では、玄門袖石の外側（羨道部側）に一枚の板石が嵌め込まれた状態で玄室を閉塞していた。

図46　玄門部（左）

玄門袖石は、西側壁より五四㌢突出して西袖石が、東壁より四二㌢突出して東袖石が設けられている。両袖石は、凝灰岩の切石を使用し、羨道部側では、閉塞石の安定を図るために、袖石と楣石の内縁に深さ五〜六㌢、幅一〇㌢ほどの枘《ほぞ》が穿たれていた。

袖石の上に架せられた楣石は、長さが西袖石寄りで五三㌢、中央で六五㌢、東袖石寄りで四五㌢を測り、羨道部側下端部には閉塞石を嵌め込むための枘加工が施されている。楣石の玄門側、天井、羨道部側の三面には全面に赤色顔料が塗布されている。

玄門部を閉塞している板石は、高さ一・一八㍍、上端部幅〇・九（玄室側裏面で〇・九六㍍）、下端部幅一・二㍍、厚さは上端部で一一㌢、下端部で二〇㌢を測り、台形状をなしている。

閉塞石の表面は、部分的に調整加工されているのに対し、裏面は丁重な調整加工が平滑に施されているなどの違いが認められる。

羨道

玄門部から延びる羨道は、長さが東側壁で一・三五㍍、西側壁で一・二五㍍を測る。幅は玄門部寄りで一・二五㍍、入口で一・一五㍍で、玄門寄りが広くつくられている。東側壁は三段積で、高さは床面から一・四五〜一・五〇

㍍ある。西側壁も三段積であるが、東側壁とはやや異なり、最下段の石は一枚石で構成されている。羨道部の側壁は、横手積みになっており、壁面は平滑に調整加工されているが、側面は未加工の状態を呈している、羨道部の天井石は、一枚のみで、短い羨道部であるにもかかわらず、完全には覆っていない。墓道に面した天井石の先端中央部には亀裂が入っていた。玄門寄りの天井石内面には赤色顔料が塗られている。

羨道部の敷石は、玄室のように切石加工されておらず、また、墓道のような小さく薄いものでもなく異なっている。羨道床石は、比較的大きく、面も調整してある。とくに、玄門直前の板石は、長さ〇・五㍍、幅〇・九五㍍と大きく、框石と密着し、閉塞石の板石が容易に外れないようにしてある。

石室の石材

石室を構成している石材は、火山噴出物が堆積してできた凝灰岩であり、堆積岩の一種で、軽石塊を多量に含む白色の軽石凝灰岩である。軽石の形状は一般に丸みを帯び、長方形のものも含まれる。基質は、白色部分、有色部分の二つがある。白色部分の造岩鉱物は、石英・火山ガラスが多く見られる。有色部分の鉱物は角閃岩《かくせんがん》である。

この石材の全体的な構成成分を見ると流紋岩質で、石材石質は、白色の流紋岩質軽石凝灰岩である。

本地域付近の凝灰岩は、部田野軽石凝灰岩（地元では部田野石《へたのいし》）とよばれ、虎塚古墳南側の本郷川両岸に露出層が確認される。

とくに、虎塚古墳群中六基の古墳のなかでの石室が確認されている四基のすべてはこの凝灰岩を石材として使用している。さらに、十五郎穴横穴墓群は、本郷川右岸につづくこの凝灰岩層を穿って構築されている。おそらく、この虎塚古墳からほど近い場所に石切場が存在していたものと思われる。

部田野軽石凝灰岩は、比較的加工しやすいことや水もちがよいこともあって庭石や庭園装飾用置石などに、また、古くは家屋の土台石に利用されてきたが、現在はほとんど使用されていない。

2　石室内出土遺物

(一)　石室内副葬品の出土状態

横穴式石室の閉塞は、玄門部に一枚石により密封された状態であり、そのため玄室床面には、一〜二㌢の薄く、きわめて粒子の細かい有機質土が堆積していたにすぎなかった。

床の中央部には頭部を北（奥壁寄り）にした人骨が一体あり、頭骨・歯・脊椎《せきつい》骨・骨盤・大腿骨の一部が残っていた。この人骨片の胸部から腹部あたりにかけては、天井から垂下した植物の細い根が集中しており、植物の養分供給源になっていたものと考えられる。

遺骸の腹部には、佩用《はいよう》したような状態で切先を南に向けた小大刀が一口添えられていた。また、遺骸の東側には、青銅製責金具を装着した刀子一口と「毛抜形鉄製品」とよばれている鉄製品が一本検出された。

床面玄室から埋葬時の原位置を保って出土したのはわずかにこれだけである。全長五六・五㍍の墳丘をもつ前方後円墳の副葬品としてはかなり貧弱であることは否めない。

このほかの遺物としては、玄室東側に沿った床面に鉄鏃が一本と、奥壁中央の床面と奥壁にはさまれた位置に切先を差し込んだ状態で槍鉋《やりがんな》が一本発見されている。これらは、追葬時において、玄室が清められた際、それぞれ壁際に追いやられた前の被葬者の副葬品であったものと考えられる。ただ、槍鉋の状態はあるいはなんらかの儀式として意識的に置かれたものの可能性もあるが、通常の副葬品のあり方とは考えづらく、故意に置かれた可能性も考えられる。

さらに、玄室の入口に近い位置に三角形と長方形の透しをもった鉄板片が存在したが欠損品で本来の位置を保っていたものとは思えない状況である。

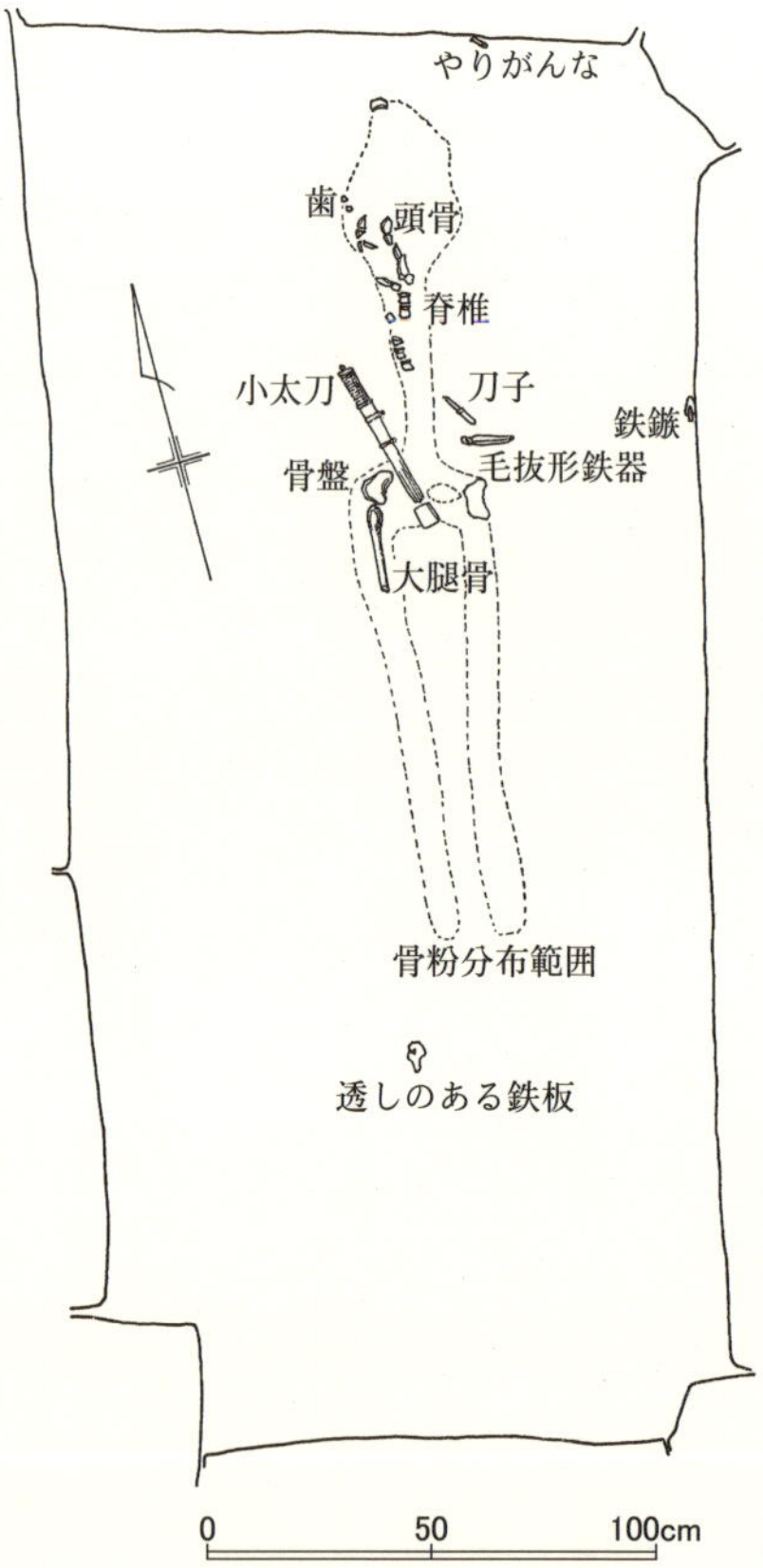

図 47　石室内副葬品配置図

（二）出土遺物

遺骸　遺骸の保存状態はかなり不良で、骨片の多くは湿度の高い玄室に存在していたため、骨粉状態であった。人骨は、東京大学人類学教室埴原和郎教授によれば、頑丈な成人男性であるとの同定結果を得た。

小大刀《こだち》　柄頭《つかがしら》部が腐朽し一部欠損しているほかは、外装の保存状態は良好な小大刀である。鞘尻《さやじり》金具は、遊離していたが、復元して装着させると全長は約三八・〇センチあるものと考えられる。

柄頭は、木質で銀製紐通し環が付けられているが、柄頭の形態は不明である。柄は、木で撚糸を一段あるいは二段に巻き、その上に二本を一単位とする紐で全体を一四から一五回巻き込み、さらにその表面に黒漆をかけたものと考えられる。

柄巻止は青銅製の責金具を用いている。鍔《つば》はなく、銀製の太目の責金具が柄巻止と鍔とをかねて

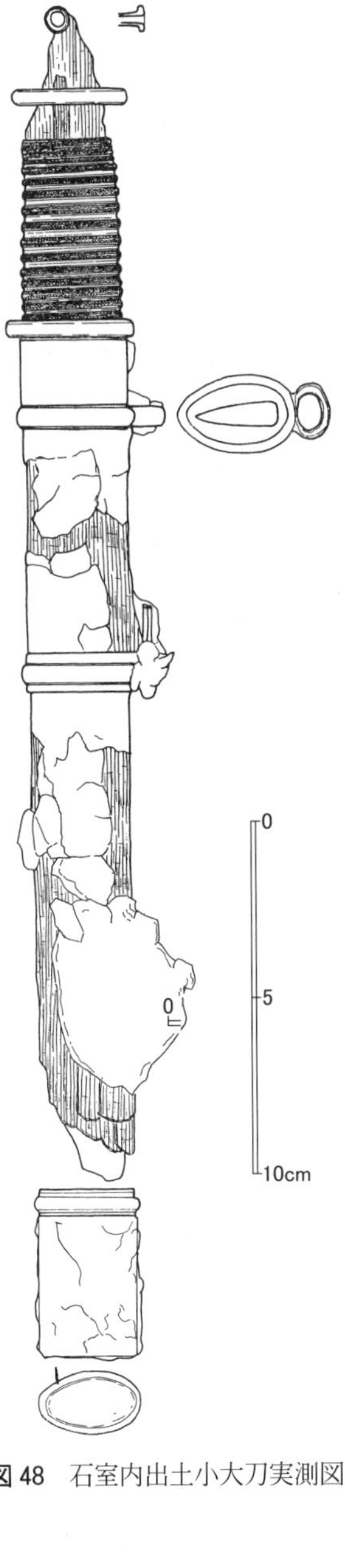

図48　石室内出土小大刀実測図

用いられている。鞘には銀製の吊金具が七・二五チセンの間隔を置いて二カ所取り付けられている。

鞘全体には、黒漆が付着している。金具は、銀製の責金具の上に、鉄製の鞘尻金具を被せるようにして付属させている。

小大刀の外装は、各部位の責金具の大きさから推定すると、身幅三・二チセン、厚さ一・八チセンばかりのものであろう。

槍鉋

槍鉋は床石と奥壁にはさまれ、茎尻を天井部に向けて立っていたため先端部を折損して取り出した。現存全長一〇・九チセン、身の最大幅二・一チセン、厚さ二ミリあり、茎尻に二チセンの長さに木質の付着が見られる。

刀子

現存全長一三・七チセン、刃部の長さ六・二チセン、最大身幅一・二チセンを測り、遺骸の左側の床面上に存在した。

木製の柄が装着されていたが、腐朽が著しい。柄と刃部の間には、一枚板でつくられた青銅製の責金具が付けられている。

毛抜形鉄製品

叉状の本体に柄を付け、環頭に円環を付属させたもので、全長一〇・七チセンを測る。刀子の南側の床面上に位置していた。

叉状部の全長七・四チセン、先端部は狭く、基部が広くつくられている。環頭には、二個の楕円形の円環を連ねている。全体に布が銹着しており、発見時の位置関係からして小大刀を帯びる際に用いられた装具と考えられる。

鉄鏃

鉄鏃は、鏃頭部のみで、さらに茎部の下半部を欠失している。鏃頭部は、両丸造りで厚みは二・五ミリを測り逆刺《かえり》がやや外方に開く形状を呈している。箆《の》が鏃身の中位まで嵌め込まれ、箆の残存部が一部付着している。

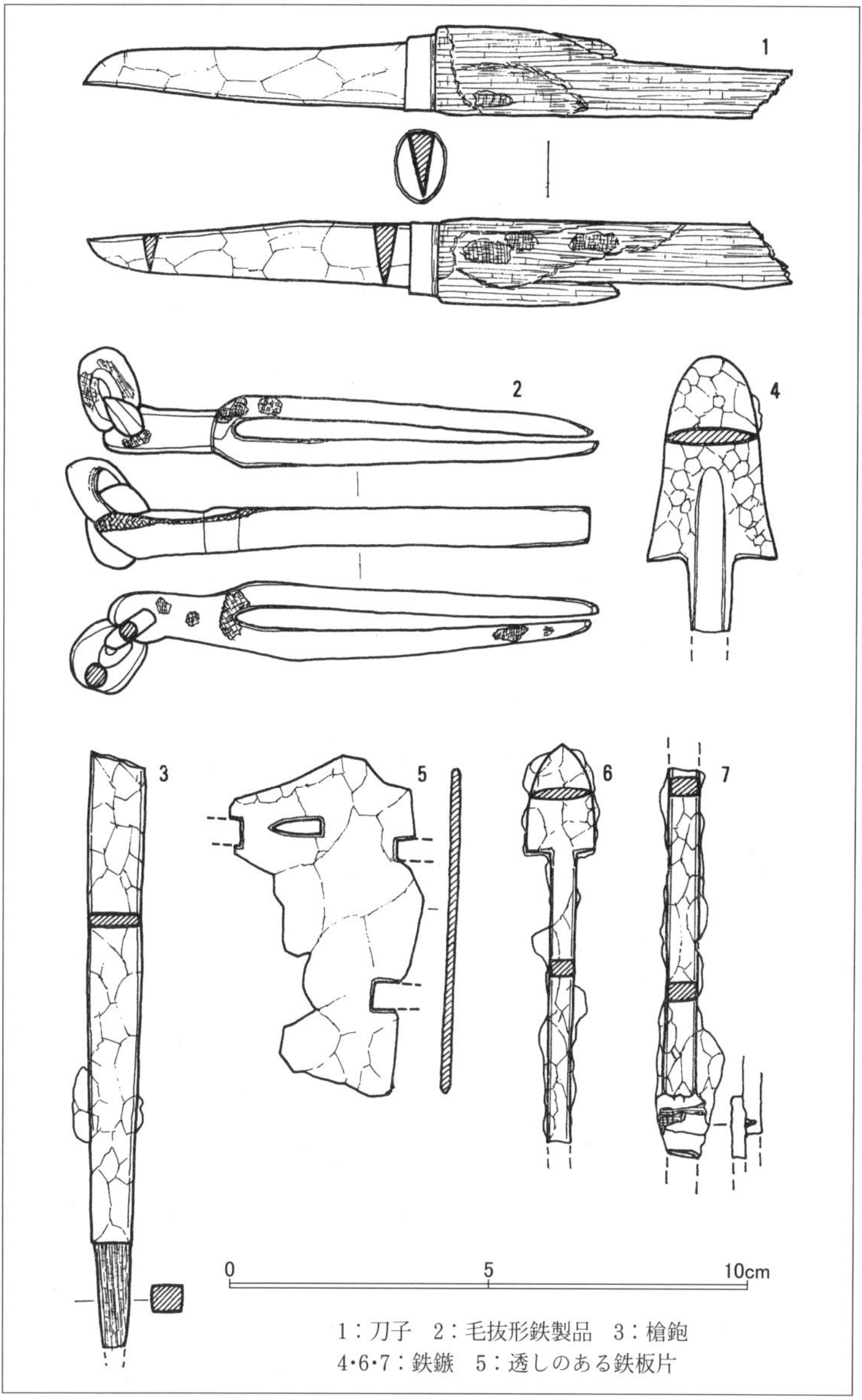

図 49　石室内出土鉄器実測図

透しのある鉄板片

透しのある鉄板片は、隅丸の三角形を呈する透しが一カ所完存し、ほかに三カ所の透しをもっている。

鉄板片は、周辺がすべて欠損しており、全体的な想定が困難である。現全長六・二㌢を測る。鉄板の一部分には、木質残存部が付着しており、装飾用の金具と考えられるが、石室内部からはそのようなものはいっさい検出されていない。用途不明の鉄板とせざるを得ない。

(三) 石室閉塞中の遺物の出土状態

墓道の一部から玄室扉石にいたるまで人頭大の凝灰岩によって閉塞がなされていた。この閉塞石の間隙から二本分の鉄鏃が出土した。

鉄鏃

鏃頭部から茎部半分を残すものは、現存全長七・九㌢を測り、両丸造りで、逆刺はない。身の重ねが二㍉ほどあり、断面長方形の茎がつき、茎部は幅四・五㍉、厚さ三㍉を有し、茎尻を欠損する。

茎部のみを残す鉄鏃は、現存全長七・二㌢を測り、茎部の断面は長方形で、幅五㍉、厚さは平均で三・五㍉ある。

これら二点の鉄鏃は意識的に置かれたものではないものと考えられる。

3　石室外出土遺物

(一) 石室前庭部の遺物出土状況

前庭部からの出土遺物は、周堀内堤の緩斜面に東・西群を主とする遺物群と石室墓道両側の墳丘基底面に分布していた遺物群とがある。

東側礫群下の遺物は、礫群が樹木の根などにより著しく原形を損なっており、遺物も原位置を止めてはいないものと考えられる。礫群下に留まっ

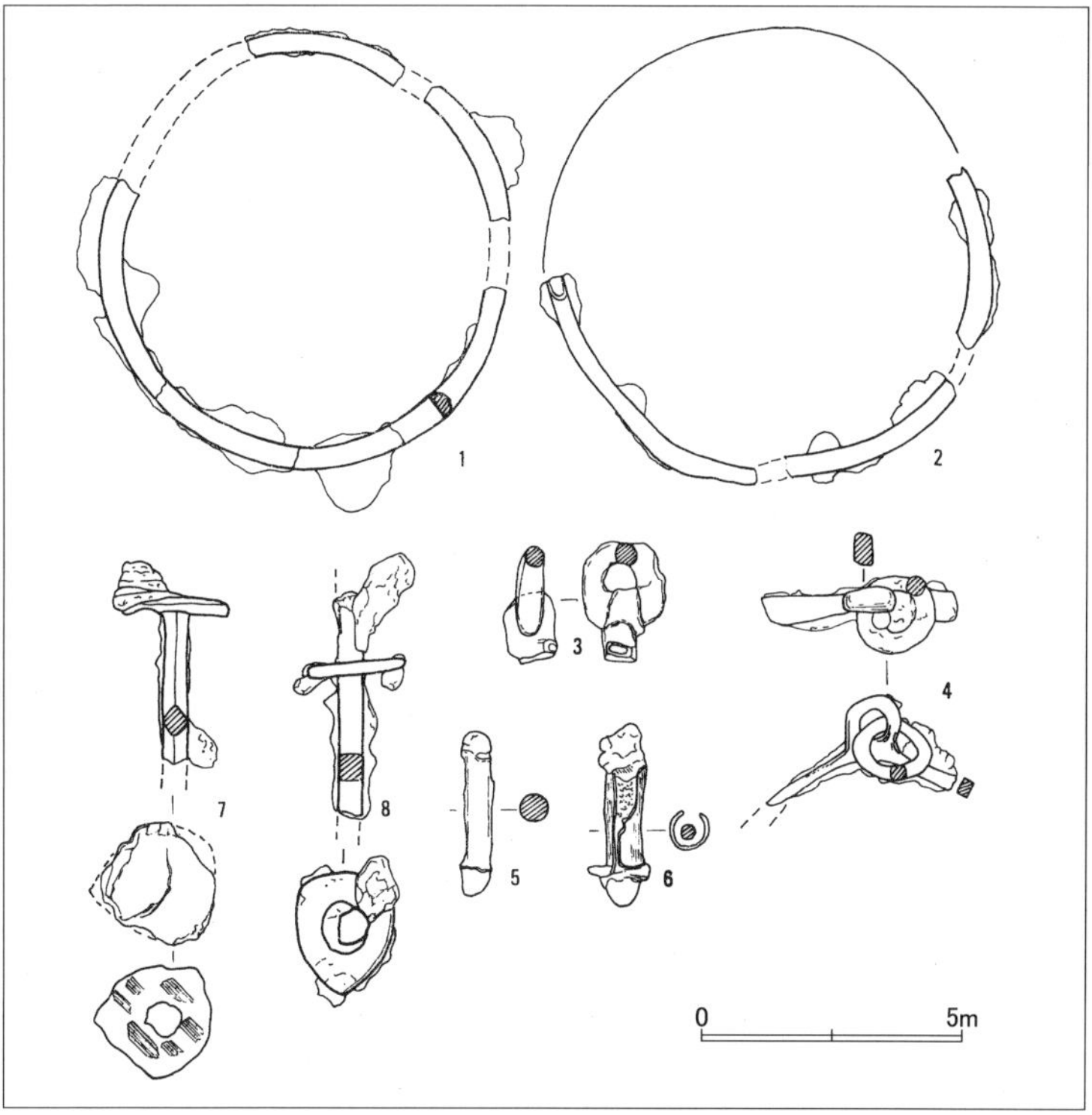

図50　前庭部東側礫群下出土鉄器実測図

ていた遺物は、若干の鉄鏃片のみで、ほかは周堀底面にまで散乱した状態で出土した。

鉄釧　鉄釧は、同形同大のものが二個体分出土した。推定復原直径八㌢、内径七・四㌢を測る。鉄製で環の内側は平坦につくられ、外側は蒲鉾状に丸みを帯びている。環身の高さは五㍉、厚みは三㍉を測る。

鉄製環　銹化が著しく、原形を推定し得ないが二個体出土した。図50—3は軸の先端に環をつくり付け、その環に別の環を連ねたもので、一方の環が完結している。4は、軸をもつほうの環は、軸部分を欠損していて全体像を把握できない。環は、直径一・五㌢、内法約六㍉と小さい。

両方ともに構造的には同様のつくりと考えられるが、用途は不明である。

鉄釘　鉄釘は大きさに若干の差異が認められるが同様のつくり方をした二本が出土している。いずれも両端は丸くつくられ笠鋲様の庇状の突出がある。両方とも断面は円形を呈し、小さいほうは全長三・〇センチ、鉄身の径五ミリ、大きいほうは全長三・四センチ、鉄身は径三ミリで、さらにその鉄身の周囲をもう一枚の薄い鉄板が巻いてある。

釘は、遺骸埋葬用の木棺に用いられたもので、かつては石室内に納められた木棺に使用されていた可能性が考えられる。

笠鋲状鉄器　二個体出土している。7は断面が正方形に近い鉄軸に、心葉形の笠形の金具が付けられ、鉄軸が笠形金具を貫通していないものである。笠形金具の内側には木質が付着している。

8は、鉄軸が笠形金具を貫通して延び、鉄軸の先端がしだいに細くなるものである。このように若干の違いが認められるが、用途についてはまったく不明の鉄器であるといえる。

鉄鏃　鉄鏃はかなり腐朽が著しく原形を保っているのは少ない。また、鏃頭、茎部、茎尻などばらばらに遺存しているものが多く見られる。鏃頭で分類すると、三角形に近いものや、柳葉形式のものが多く、そのなかでも逆刺のあるもの、逆刺が浅かったり、まったくないものとかが存在する。

片刃鏃も若干発見され、いずれも同形同大のものである。片刃鏃のなかで全形がわかる例があり、全長約二〇センチを測る。

雁股形式鉄鏃が一例であるが出土している。鏃頭の三分の一あたりから二股に分かれ、片丸造りで、内側が片刃になっている。

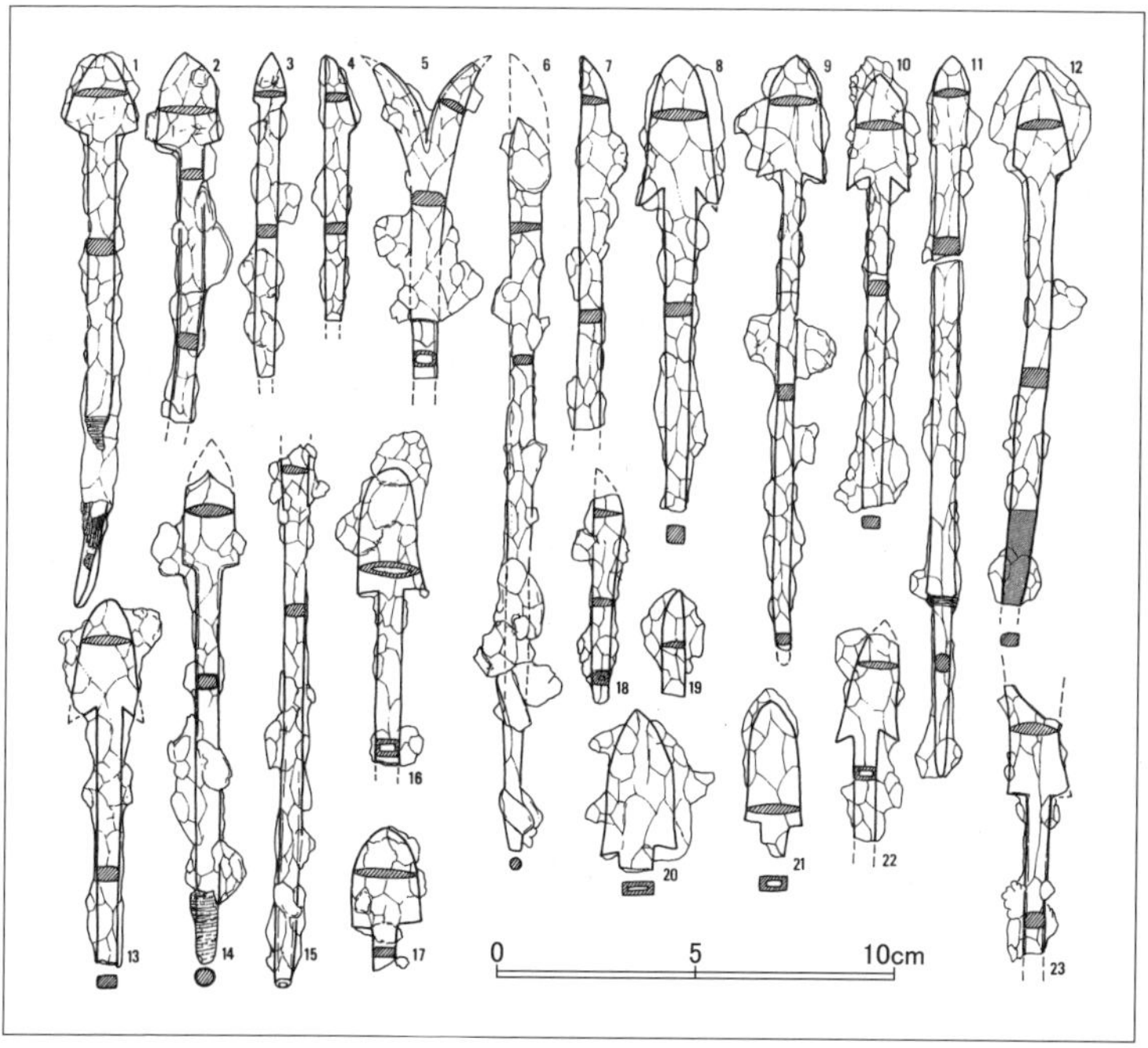

図51　前庭部東側礫群下出土鉄鏃実測図

（二）西側礫群下の遺物出土状況

東側の礫群が、攪乱を受けていたのに対し、西側の礫群は良好に保たれていた。礫群下のほぼ中央から下端部を墓道から玄室入口方向に向けた石突《いしづき》一個が出土した。石突は柄などがなく石突のみを配したものと思われる。

石突　下端部を若干欠損しているほかはほぼ全容をうかがい知ることができる鉄製の石突で、現存全長一六・七センチを測る。身の三分の一ほどからは袋につくられており、柄が挿入されるようになっている。全体を断面六角形に仕上げ、身の中位で直径一・五センチ、袋部末端で直径二・七センチを測り、袋の内部には若干の木質部が残されている。鉄鉾と報告されているが形状から石突と考えられる。

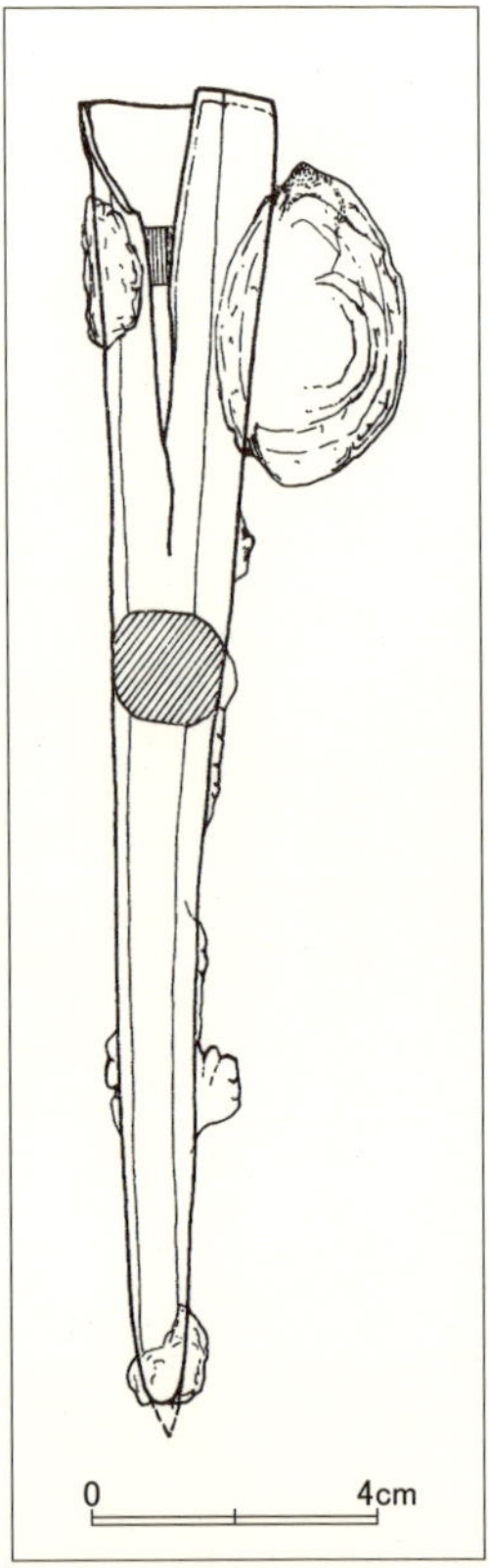

図52　前庭部西側礫群下出土石突実測図

(三) 周堀内からの遺物出土状況

周堀内からは各トレンチにおいて土師器の細片が出土している。これらの土器片は、墳丘封土内に存在していたものが墳丘の崩落とともに周堀内に落ちて堆積したものであろう。土師器はいずれも細片で、全体をうかがい知れるものは少ない。また、前庭部周堀外堤および前方部西北隅には弥生時代と考えられる竪穴住居跡の一部が検出されており、周辺から弥生土器片が出土している。

第三次調査では、前方部のなかごろの墳裾テラス状遺構にともなって砥石が一点出土している。古墳時代に通常見られるものと形状、大きさの点においても大差がない。

(四) 墓道周辺の出土遺物

墓道をはさんで墳丘基底面には、焼土塊、灰などの散布が認められ、同時に土師器も含まれていた。これらの土師器は、墳丘基底面に近くあるいは密着しており、虎塚古墳築成時期を示す参考資料になりうるものであろう。

土師器

杯形土器は口縁部の直立するものや内湾するものが存在する。さらに、口径が一二㌢内外のものと二〇㌢を越える大形のものが見られる。杯形土器は、内面または外面、あるいは双方を黒色処理にした土器も存在する。

甕形土器は、完形品は見られない。口縁部が大きく外返して、口唇部の肥厚が認められる土器で

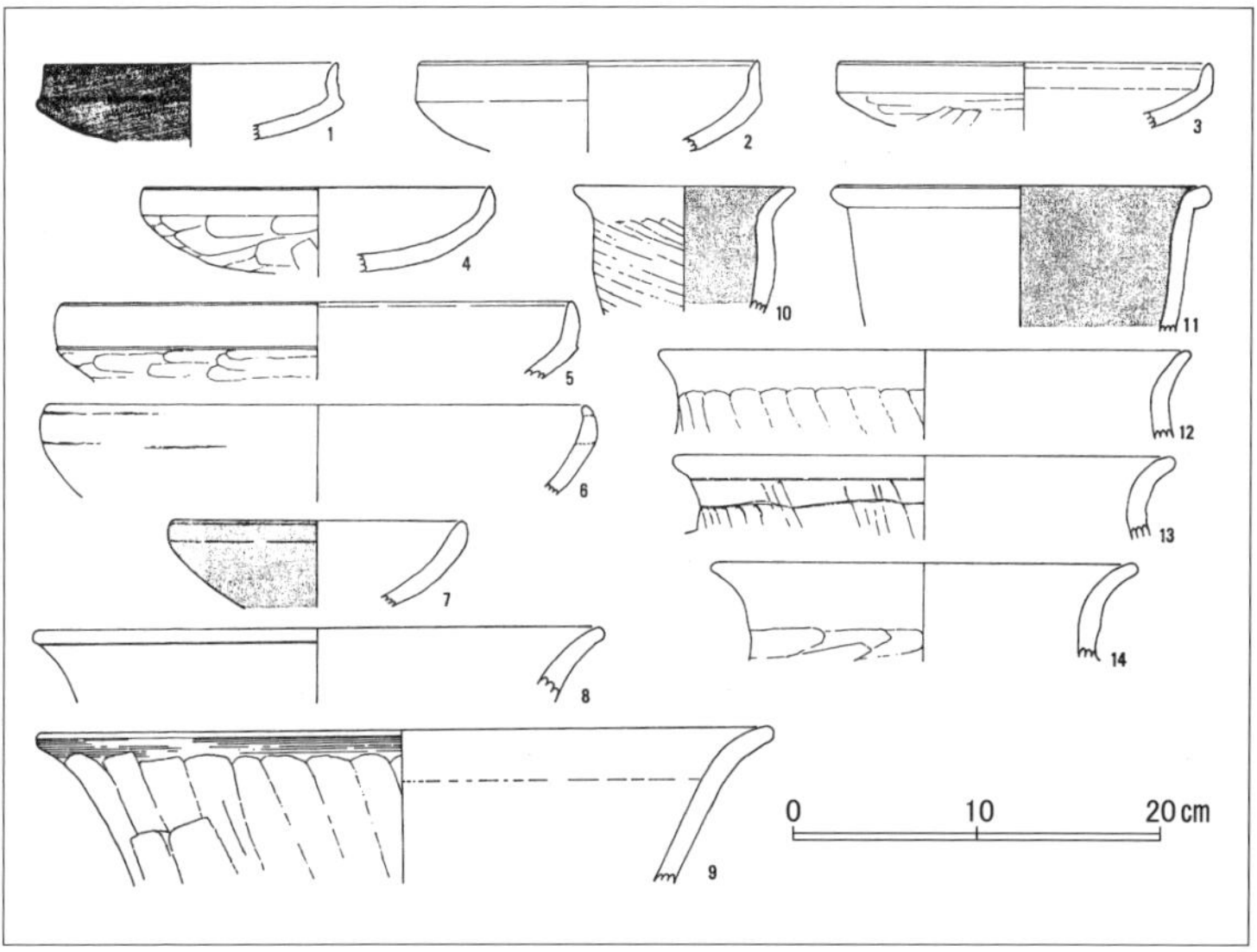

図53 前庭部付近出土土器実測図

ある。

前方部墳頂部出土の須恵器

前方部墳頂部において須恵器片がややまとまって出土している。また、第三次調査では、前方部南側の周堀のなかから同種の須恵器片が検出されており、前方部の墳頂部に埋置されていたものが崩落したものと考えられる。

須恵器片は、図示できたものは大甕四個体分と平瓶片である。大甕は、いずれも小破片で出土したが接合できたものもある。外面は櫛目による叩き目が、内面は、青海波文が顕著に認められる。さらに、外面の一部には自然釉を残しているものが観察できる。

4 集石遺構

後円部中心から括れ部にかけて設定した第Ⅳト

レンチ内において、軟質凝灰岩の塊石が部分的に群集して存在していることが確認された。

この軟質凝灰岩は、すでに確認された横穴式石室に使用された石材と同質のものであり、石室の構築や墳丘の築造と深い関係があるものと考えられた。

第一次調査では、石室の調査に多くの時間を費やしたため、この第Ⅳトレンチの調査は、翌年の第二次調査に実施した。

第二次調査では、第Ⅳトレンチの南・北両方向に調査区を拡大して実施した。

その結果、軟質凝灰岩の礫群や破砕石層、粘土層などが広い範囲に分布していることが明らかになり、集石遺構としてとらえ、調査を進めた。

この軟質凝灰岩は、不規則な集石状況をしながらも、東西七㍍、南北七㍍の広範囲に及んでいることが確認できた。しかも、集石遺構は、水平な状態を保ちながら南・東側の封土内に延びていることも確認できた。しかも、南側拡張区の東壁は、石室の西側壁面から四㍍の至近距離に位置しており、なおかつ集石遺構が東側に延びていることは、この集石遺構の性格を知る上で重要なポイントであると判断されたが、これ以上東側に調査区を拡張することは、石室の崩壊が懸念されるため、断念せざるを得なかった。

また、この集石遺構は、古墳築造前の現地形の傾斜に順応しており、そのレベルは、東北側が高く南西側に行くにしたがって低くなっており、横穴式石室の構築に関係しているものと推考された。また、集石は、表面が不揃いでさらに凹凸が顕著であり凝灰岩の小礫が不自然に群集したもので、意識的な敷石でないことを確認することができた。

集石が含まれる層は、灰や焼土・土師式土器片が混在する黒色土層で、その上には、黄褐色土層の封土、さらにその上には一〜二㌢の青白色粘土層が認められた。また、この凝灰岩を含む黒色土層の下は、栗色土層、ローム層と続き、この黒色土層が、古墳構築以前の旧表土であることが判明した。

集石は北側に行くほどに集積のまとまりが疎になってばらばらになり、南側に存在する石室の構築と深いかかわりがあるものと考えざるを得なかった。

黒色土層からは土師器片が見られ、鬼高式土器のなかでも新しい土器群であった。

Ⅵ 壁画の構成

虎塚古墳の内部主体である横穴式石室のなかの玄門・奥壁・左右両側壁には白色粘土で下地を塗った上に、ベンガラ（酸化第二鉄）で、幾何学文と各種の器物を描いた具象的な文様が描かれている。

さらに、天井と床面、羨道部天井にも同様な白色粘土の下塗りの上にベンガラが塗られ、全面鮮やかな赤色を呈している。

1 玄門部の壁画

玄門部は、左右の袖石および袖石の上に水平に渡した楣石、床石上で袖石間に置かれる框石により構成される。石と袖石の内側には、閉塞石を嵌め込むための幅八㌢ほどの繰り込みが枘穴状に彫られている。この閉塞石が嵌め込まれていた繰り込み部分の左右・上の三面には、白色粘土の下塗りの上に、ベンガラによる連続する三角文が描かれていた。三角文は、底面の表現はされておらず、

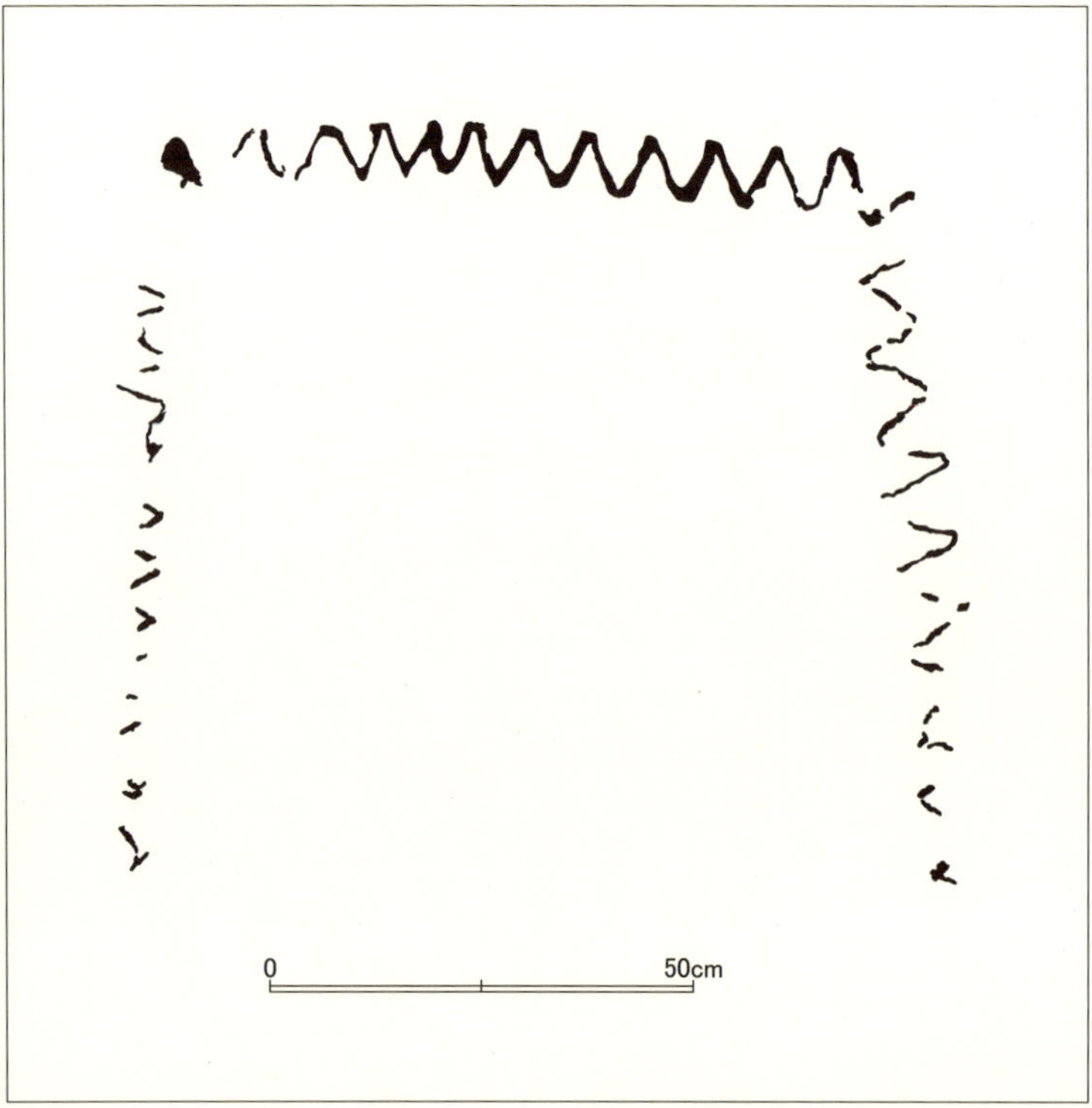

図54　玄門部壁画の実測図

むしろ鋸歯文というべき文様をしている。

文様はいずれもフリーハンドで描かれ、楣石の繰り込みには、一二の三角文が、頂部の間隔は、八㌢、高さ九㌢を呈している。同様に左右の袖石の繰り込み部分にも三角文が施されているが、床面に近づくにつれて剥落部分が大きくなっている。三角文は、右側では八㌢、左側では、五〜六㌢と左側が小さめに描かれている。

框石は外面（羨道部側）と上面の二面が白色粘土で下塗りされた上にベンガラが全面に塗布されている。

袖石は、白色粘土を塗った上に楣石との接するところに幅五〜六㌢でベンガラが塗布されている。

玄室内側の楣石は全面に彩色が、框石には羨道側・上面の二面に彩色が、玄室側面には彩色は認められない。このことは、羨道部から見る目を意識して彩色が行われたことを意味しているものであろう。

2　奥壁の壁画

奥壁は、基本的には一枚の凝灰岩により構成され、下面部幅一・五三㍍、高さ一・四五㍍を測る台形を呈している。

奥壁面には、白色粘土による下塗りが施されている。この奥壁面に塗られた白色粘土は、粒子が細かく、西側上方から東側上方に弧状を描きながら塗られている。奥壁の中位でも同様な筆の動きが観察され、さらに東・西端部には、上から下に走る幅二㌢ほどの目の細い刷毛痕が見られる。

奥壁の天井部と接する部分には、やや大きい凝灰岩の三角錐状の塊石が詰め石として置かれている。これらの表面と奥壁の上端部にはベンガラが天井部端から下に、西側では一三㌢まで、東側では二〇㌢幅で帯状に塗布されている。

奥壁上面の連続三角文　奥壁上端には、天井部に接する部分に幅の広い帯状に全面塗布が見られ、その下に幅一～三㌢の粗略な平行線が二本引かれ、二つの空間部がつくられている。上段の幅六～八㌢の空間には、頂部を下に向けた三角形二つと、垂下した四本の線、斜行する一本の線により、八区画に割付されている。全体的には、連続する三角文を描いているようにも考えられるが、下段の三角文とは明確な差異が生じている。

下段の空間には、幅一・五～一・八㌢の線により、九個の三角文を並列させている。東から三個

図55　奥壁壁画実測図

目の三角文の左には二本の平行線があり、本来は、三角文を一つ追加するものが忘れられたか、あるいは九つの三角文に意味があるのかは判断に迷うところである。三角文は、平均して、底部五・三センチ、高さ五・三センチである。

奥壁下段の連続三角文

床石より約一八〜二〇センチ離れて幅約一・六〜二・〇センチの床面と平行な線を引き、そのなかに頂部を上に向けた九個の三角文が連接していたものと考えられる。こ

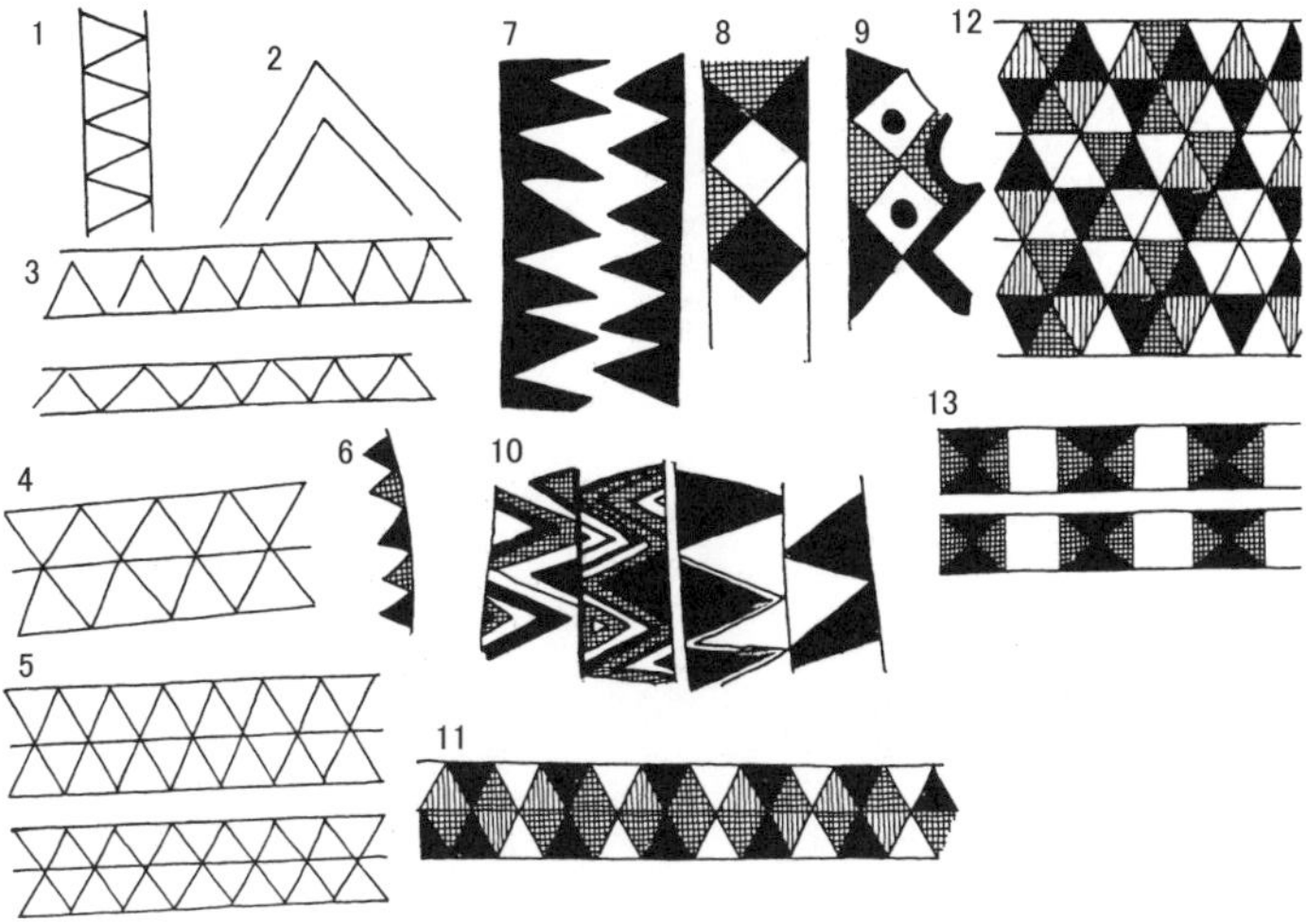

1：佐賀・西隈古墳　2：熊本・城本横穴群　3：熊本・宇賀岳古墳
4：熊本・ナギノ横穴群　5：島根・丹花庵古墳　6：福岡・竹原古墳
7：熊本・永安寺東古墳　8：熊本・チブサン古墳　9：熊本・弁慶ヶ穴古墳
10：熊本・釜尾古墳　11：福岡・王塚古墳　12：福岡・王塚古墳
13：熊本・千金甲古墳（1号）

図56　壁画に見られる三角文

の部分は、大半が剥落しており、壁画の模写作業により三個の三角文を識別したにとどまるが、部分的には塗布されたベンガラが残されており、底径約一八〜二〇センチの八個の三角文が並列して描かれていたことは間違いのないことであろう。

奥壁中央の上下連接三角文　閉塞石除去を行っていたとき、わずかの間隙を通して最初に目に飛び込んできた文様が、この連接三角文とその下に位置する二つの環状文であり、壁画構成上最重要な区域に位置する文様であるものと考えられる。

奥壁の中央やや上位に、上段の三角連接文の下端より一三センチ下がった位置に三角形の頂点を上下に接して、二個の三角形が描かれている。連接する三角形は、

図57　奥壁右下壁画

奥壁の中央線よりわずかに右寄りに逸れてはいるが、その下の二個の環状文の配置を考えると、この上下に連接する三角文は、環状文とともに奥壁の中心として描いたものであろう。

連接三角文は、太さ平均〇・八センチで、フリーハンドの線描きで全高一八・六センチ、上方の三角文は、高さ八・六センチ、底辺長さ一五・〇センチを測る。下方の三角文は、高さ一〇・〇センチ、底辺長さ一六・〇センチで、下の三角文がわずかではあるが大きく描かれ、全体として安定した図文である。

環状文

奥壁の中央に二個の環状文が描かれている。西壁から一メートルの位置に中心を置く左側の環状文は、直径三四・四センチの正円である。

描き方は最初に半径一七・二センチと五・九センチのコンパス状器具で白色粘土上に同心の二つの円文を線刻している。その次に幅一一センチの環状内にベンガラを塗布して文様を描き出したものである。

コンパス状器具で描かれた内外の輪郭線は、上部においては明瞭に残され、顔料のベンガラ塗布

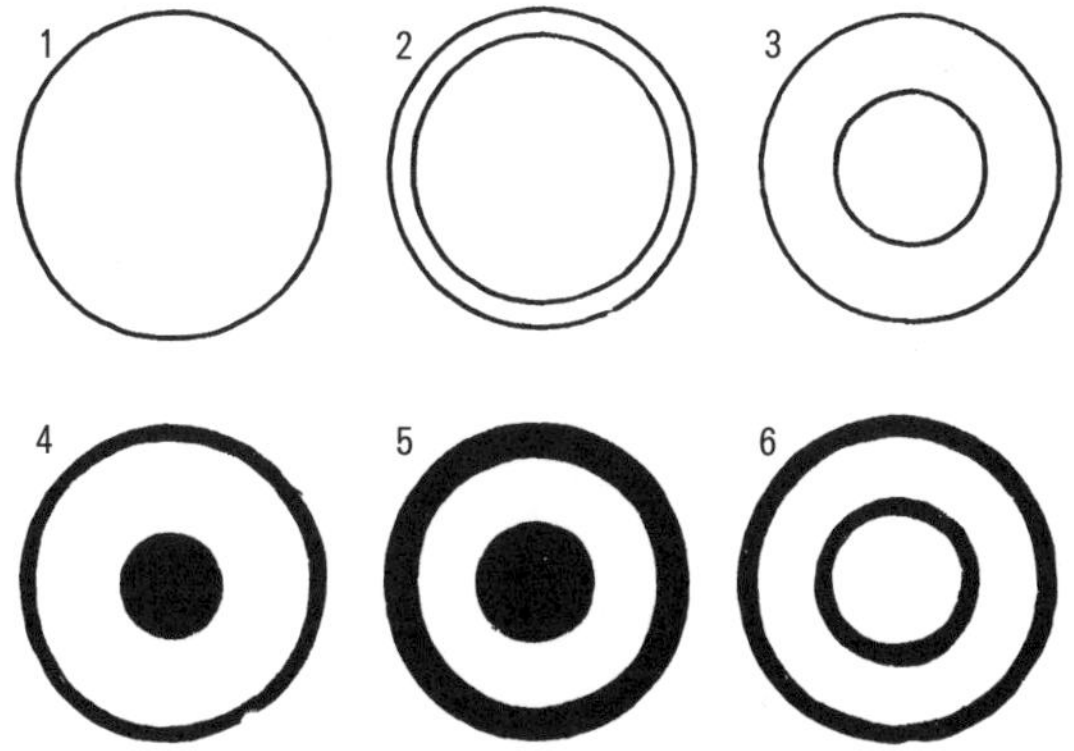

1：熊本・大鼠蔵東麓古墳、熊本・永安寺西古墳、佐賀・西隈古墳
2：福岡・石人山古墳、熊本・鴨籠古墳
3：福岡・日輪寺古墳、熊本・田川内古墳（甲）
4：福岡・五郎山古墳、福岡・薬師下南古墳
5：福岡・日ノ岡古墳、福岡・珍敷塚古墳
6：福岡・古畑古墳、熊本・釜尾古墳、福岡・五郎山古墳

図 58　壁画に見られる円文・環状文

が輪郭線に達しないで描かれていることがわかる。この環状文は、輪郭線上に忠実に描かれたわけではなく、凹凸が見られ、粗放な感じがする。

右側の環状文は、外径三二・○センチ、内径一二・○センチを測り、幅一○・○〜一○・五センチの環状を呈しているが、周縁は、凹凸が著しい。左側の環状文にくらべるとわずかに小さく、またコンパス状器具による輪郭文は認められない。この理由は、幅・深さとも一ミリ前後と細い痕跡のため、右側の環状文は、印刻された円文からはみ出してベンガラ塗布が施されたものと考えられる。このことは、コンパス状器具の中心点がわずかではあるが残されているところからもわかる。

左側の環状文は、暗赤色を呈し小豆色に近い色彩であるのに対し、右側の環状文の色彩は、ベンガラが厚く塗られているため、赤色に近い色彩をしている。この二つの環状文は、八センチの間隔を有して、奥壁中央部の中心に描かれており、奥壁の壁画のなかで最も重要な、そして象徴的な意味合いを込めて描かれたものと思われる。

線刻円文

奥壁西側中位、左側の環状文から西壁側に二五センチ寄った位置に線刻の小型円文が存在している。この図文は、白色粘土を下塗りした壁面に錐状の先端の鋭い工具で円を描いたものである。左右の直径七・五センチ、上下の直径六・六センチを測り、正円形ではない。本古墳の円文・環状文はすべてコンパス状器具により輪郭が描かれており、この線刻円文もコンパスが使用された可能性が考えられる。ただし、この円文のみベンガラによる彩色が施されていない。さらに、奥壁の図柄のなかで、この円文は、他の図文から離れて単独で存在しており、構成上バランスが悪い。線刻円文を描いたものの、なんらかの理由で彩色をしなかったものであろうか。単なるベンガラの塗り忘れではないものと考えられる。

鞆形図文

奥壁の東壁より、右側環状文の下方に二個の鞆《とも》と考えられる壁画がある。鞆は、弓を射るときに左手首内側に付け、弦が釧《くしろ》などに触れるのを防ぐ丸い皮製の防具である。

左壁に近い鞆は、高さ一四・〇センチ、最大幅は上端で一四・三センチを測る。上縁は幅一センチの細い線状となり、鞆の紐を表現し、下方は半円状の袋の部分を描いているものであろう。

左側の鞆は、右側例とは天地をさかさまにして描かれている。この鞆を上下さかさまにさせると右側の鞆と同じ形状となる。高さ一四・〇センチ、最大幅は上端で一二・七センチとやや小ぶりに描かれている。

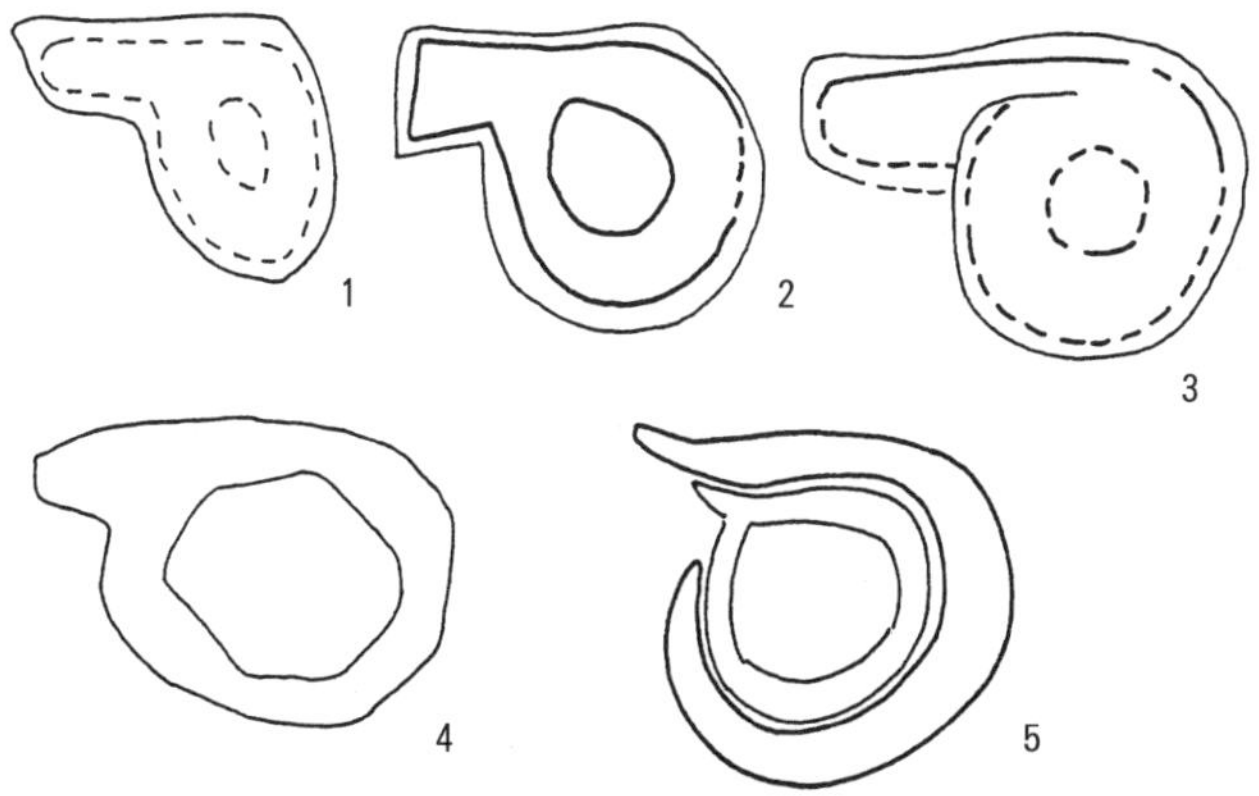

1：熊本・鍋田8号横穴墓
2：熊本・鍋田27号横穴墓
3：熊本・鍋田12号横穴墓
4：熊本・御霊塚古墳
5：福岡・重定古墳

図 59　壁画に見られる鞆形図文

二個の鞆が、並列して描かれているにもかかわらず、逆転していることは、狭い範囲に少しでも大きく描くための工夫か、あるいは意識的に逆に描いたものかはわからない。

靫形図文

靫《ゆぎ》は矢を入れて背負う武具である。

靫形図文も二個並列に描かれており、奥壁東側の環状文から六㌢下に大型の靫が、またその右横で、鞆の四㌢下に小型の靫が描かれている。

二個の靫は、いずれも下位のベンガラが剥落しており、残された顔料から辛うじて全体像が推測されるにすぎない。この剥落については、玄室内の床面から約三五㌢の高さまでの壁面は、すべての面において顔料の剥落が認められる。この要因については、墳丘地山面下に石室が構築されたために、墳丘盛土中との水分の違いが起因しているものと考えられる。

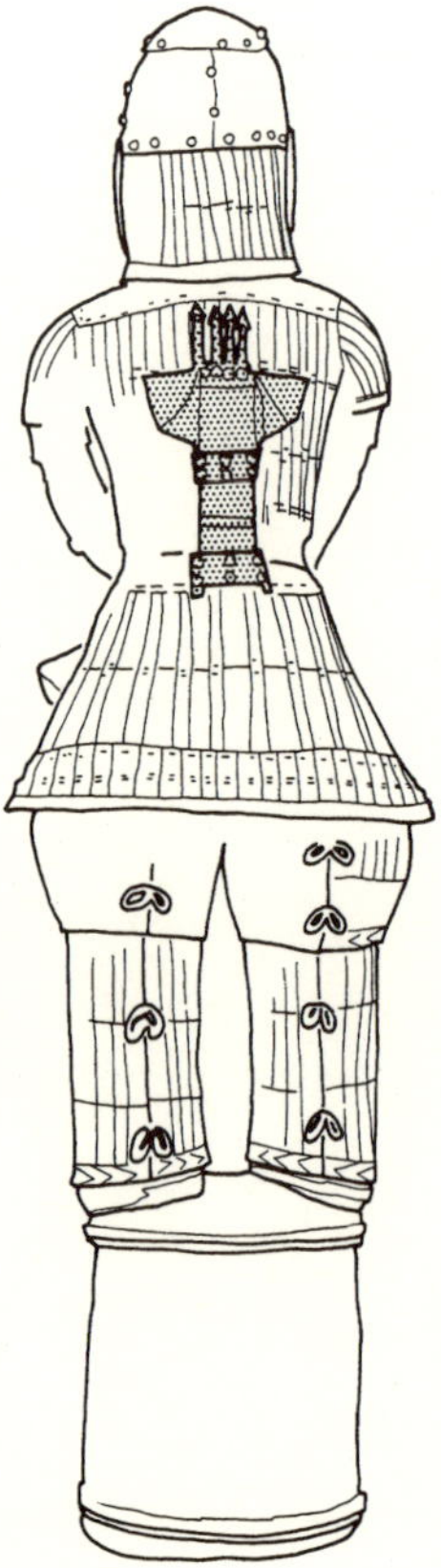

図60　武人埴輪の背中に見られる靫

左側の大型の靫は、高さ四四㌢、上端の幅は、一六・八㌢を測る。靫の上位には、一〇本の矢が描き出されている。矢の峰の長さは二・三～二・五㌢で、すべて棒状に描かれているのみである。

靫の袋部は台形を呈し、高さ一五㌢、幅一四㌢で、下にいくに従い細く括れている。逆に下方部はラッパ状に大きく裾が広がり、下端部での幅は推定で約一五㌢となる。

靫は形状全面にベンガラが塗られ、矢は上下方向に、靫本体は左右方向の後に、上から下への刷毛が走り、仕上げられている。

右側の小型の靫は、高さ約三一㌢、上端幅一四・五㌢、下端幅は、剥落が著しく、推定で約二〇㌢と考えられる。この靫は、上端から一三㌢のところで大きく括れ、その幅は四㌢を測るにすぎない。

上部は逆三角形を呈し、一・五～二・〇㌢の矢が一〇本描かれている。下端部の裾は、大型の靫と同様大きく広がっている。

大刀形図文

奥壁下位の東北隅に三口の大刀が斜めに描かれている。大刀は三口いずれも柄頭部のみ残存しており、身を表現した

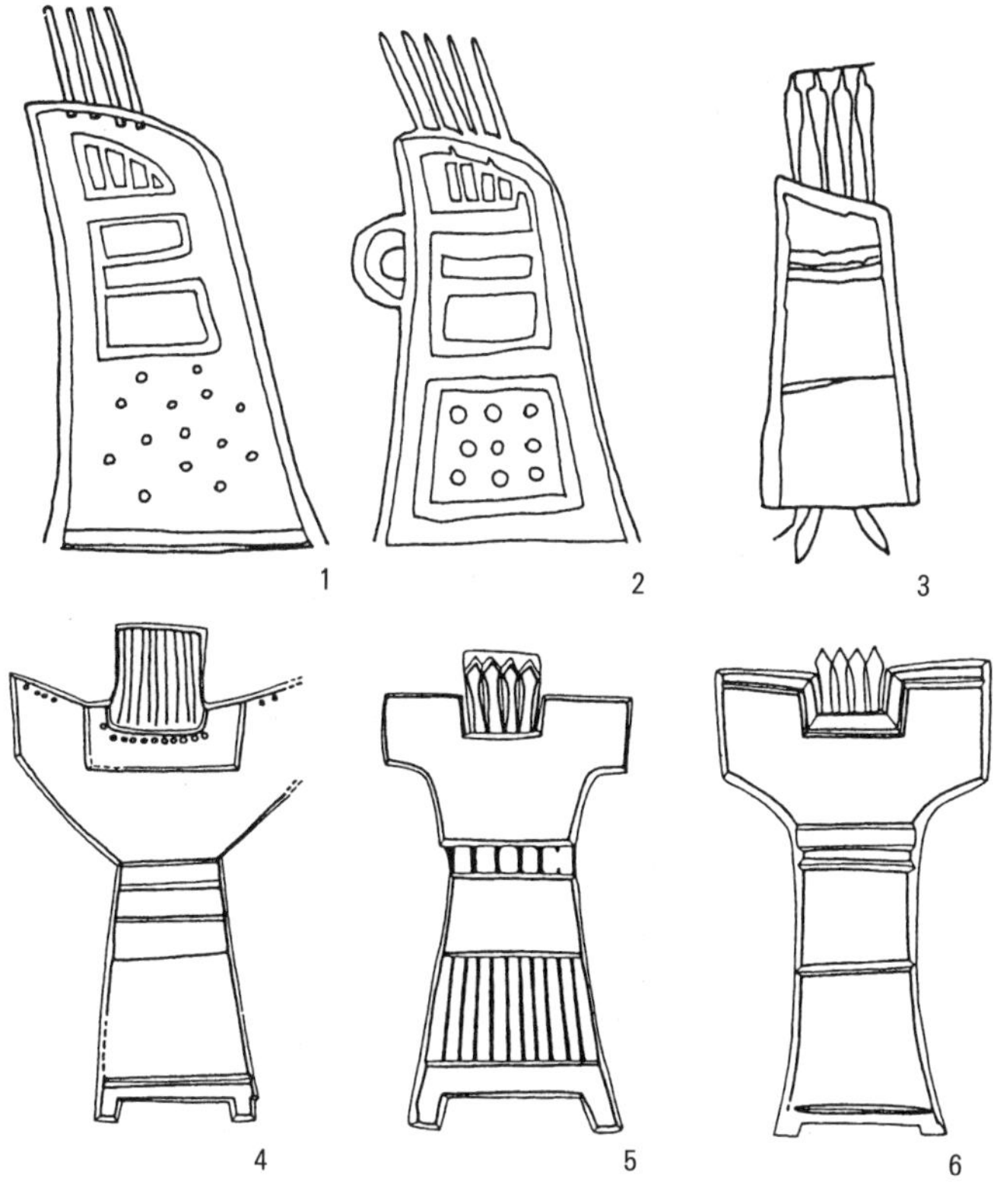

1：福岡・珍敷塚古墳
2：福岡・珍敷塚古墳
3：茨城・吉田古墳
4：熊本・大村7号横穴墓
5：熊本・京ヶ峰1号横穴墓
6：熊本・大村14号横穴墓

図 61　壁画に見られる靫形図文

ところは剥落が著しく、詳細については不明確な部分が多い。

三口の柄頭部のなかで、東壁寄り（右端）のものは、丸みを帯びた表現で描かれ、円頭《えんとう》大刀としてよいものと思われる。全長は剥落のため不明であるが、柄頭は長さ約六㌢、幅一・七㌢を測る。

中央の大刀は、柄頭が塊状となり、上端部は左に曲げて描かれ、また身と直交して工字形に表現した柄元と鞘口金具とおぼしき表現が認められる。これらの表現からこの大刀は、鹿角装《ろっかくそう》大刀を表したものと考えられる。柄間の長さ七・五㌢、鞘口金具の横幅四・二㌢を測り、全長は約四五㌢と推定される。

左側の大刀は、柄頭が丸く塊状に表現されており、その形状からして頭椎《かぶつち》大刀を描いた可能性が考えられる。長径五・五㌢、短径三㌢の柄頭で、身の部分は剥落しているが推定全長二七・〇㌢を測る。

大刀はいずれも奥壁の東北隅に斜めに立てかけられた状態で描かれている。

鞆や靫、また後述する鉾状などの武器・武具などの図文とは異なり、この三口の大刀のみが斜めに描かれていることは、横穴式石室の玄室の東北隅に立てかけてある習俗と同様の意味合いがあるものであろうか。とくに、柄頭の表現から鹿角装大刀・頭椎大刀などの儀仗的性格の強い大刀を描いたものと考えられる。

鉾形図文　奥壁下位の大型靭形図文から左（西壁側）の約八〇㌢の空間に垂直に描かれた一五本の棒状の図文がある。

棒状図文は一五本とも奥壁下位の三角連接文の上縁から上に描かれており、先端部も横一線に揃い、長さは約三五㌢を測る。この棒状図文の先端部は尖り気味に描かれたものが多く、下にいくにつれて太くなり、下底部で幅六㌢を測るものもある。

奥壁に描かれた、鞆、靫、大刀などの武器・武具から推考して、この一五本の棒状図文も鉾あるいは槍のような刺突用の武器を描いたものと思われる。身の部分が鮮明ではなく、また古代の武器として用いられた杵を描いた可能性が考えられる。杵は棒状で叩きつけることを目的とした武器である。

棒状図文は、切先部と考えられる上から下へ筆を運んでいることが明確である。筆の幅は二〜二・五㌢で、切先形状を整えてから一気に下方へと描いている。

3 東壁の壁画

白色粘土の下塗り　東壁は、軟質凝灰岩の板石の一枚石で構成され、玄室内部の壁面には奥壁と同様に全面にわたって白色粘土による下塗りが施されていた。

しかし、奥壁が白色であったのに対し、東壁は部分的に淡黄色となっており、全般的には黄色味を帯びていた。白色粘土の下塗りの刷毛目痕跡は細かく、おもに垂直方向に刷毛を運び壁面を整えている。

東壁上端の三角連接文　東壁上縁と天井石との接するところから下に幅一一〜一三㌢にわたり帯状にベンガラが塗布されている。このベタ塗りの帯状部分から下に線描きの三角連接文が接続し、下縁に一条の線が引かれて

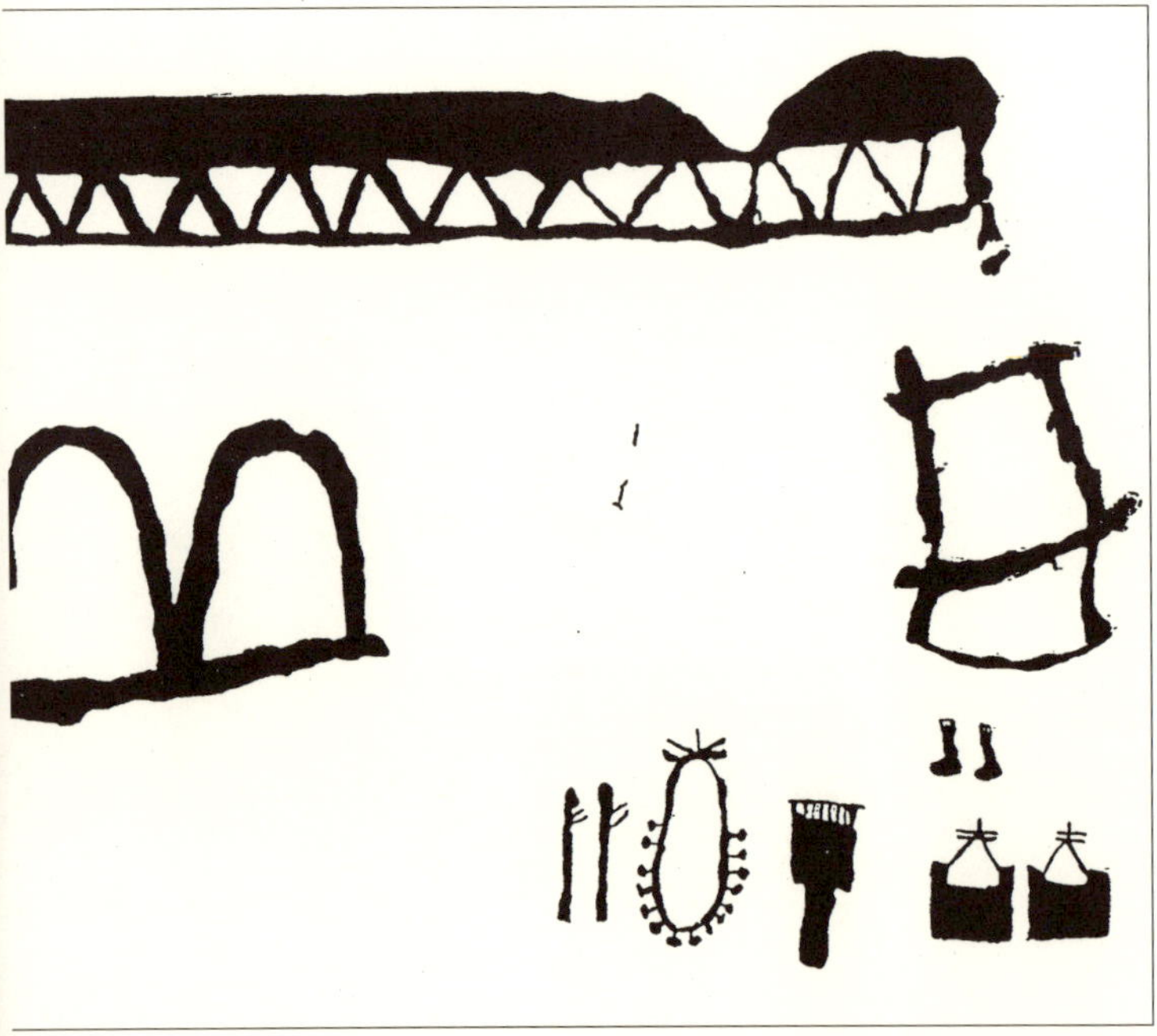

実測図

いる。

三角文は、幅一・三〜二・五センチの線で、高さは五・五センチを測り、合計二五個が描かれている。三角文は、中央部が安定して描かれており、奥壁側および玄門側の図形には乱れが認められる。この三角形は奥壁側から描き始められ玄門側へと描き進んだものと思われ、玄門側では、線の太さも〇・五〜〇・八センチと細くなっている。

円文と双頭渦文

東壁の北端上方、奥壁から三〇・〇センチ離れて、三角文から吊り下げられた形の小円文が描かれている。円文は左右径六・〇センチ、線の太さは一・一〜一・二センチを測る。

この小円文と相対する至近距離に横位

図62　東壁壁画

置に双頭渦文が存在している。渦文は、蕨手状に巻き、右（玄門側）がやや上位に描かれている。全長二九・五㌢、彩色の線は、一・〇〜一・五㌢を測り、線の太さにばらつきが見られる。奥壁側の渦文は、上に巻き、玄門側では逆転して下に向かって巻いている。

小円文と双頭渦文が描かれている東北の方向は、陰陽道で早くから万事に忌み嫌う方角であり、この小円文と双頭渦文も呪術的な意味合いが強く、他の図文とは違って描かれたものと考えられる。

靫《ゆぎ》形図文　東壁中央部には、横一線に太さ三・五〜四・〇㌢、長さ一三五・〇㌢の線を描き、その上の奥壁側に靫形図文二個、玄門側に盾形図文三個が描かれている。この横に描かれた

図63　靫形図文と盾形図文

太い線は、あたかも一枚の板の上に靫・盾が置かれたように考えられ、線の中央下には、直径八・〇センチ、描線の幅二・五センチの円文が描かれている。

奥壁側の靫形図文は、全高三〇・〇センチ、上端部幅二五・五センチを測る。上部は逆三角形を呈し、中位は幅二一・五センチと細く括れる。下方は、三角状に広がり、裾幅は、一五・〇センチを測る。上端には、矢を表現した長さ二・五センチの細く短い棒状の図文が一三本見られる。

玄門側の靫形図文は、台形に近い上部と三角形の下部が、幅三・五センチの線で接続されて、靫を表現している。上端は、幅一一・〇センチ、下端幅一七・〇センチで上端部がやや大きく描かれ、上端部には、一三本の矢を入れた状態を表している。

盾形図文

靫形図文の玄門側には、同じ線上に三個の盾を描いたと考えられる山形の半円形図文が存在する。

奥壁側は、全高二六・五センチ、中位の幅二四・〇センチ、描線の幅は平均で二・〇センチであるが、線の走りは一定しておらず粗雑な描き方である。この盾

図64　東壁壁画1（奥壁側）

形図文の下に円文が位置する。

中央の盾は、高さ二八・〇㌢、中位幅二〇・〇㌢、描線幅は平均で二・〇㌢を測り、下端部は両側の盾と接している。

玄門側の盾は、高さ二四・五㌢、中位幅二〇・〇㌢、下端幅二二・〇㌢で、描線幅は二・〇㌢で他の盾と同形に描かれている。

井桁形図文　玄門から二一・〇㌢離れた壁面上部に井桁形を呈した図文が描かれている。描線は、線の太さも一様ではなく

図 65　東壁壁画 2（中央部）

粗雑な筆の運びである。縦三五・〇センチ、横二三・〇センチを測り、捩れた長方形を呈している。長方形の区画の半分より下に横線が引かれ、この横線は左右に三〜四センチ突出して描かれている。

　この井桁形図文は、以下に述べる有刺棒状図文、頸玉形図文、鐙形図文などの具象的な図文と一緒に描かれており、幾何学文様と考えるよりは馬具の面繋《おもがい》のようなものを具体的に表現しているものと思われる。

有刺棒状図文　井桁形図文の下に、幅六三・〇㌢の空間に有刺棒状図文、頸玉形図文、さしば形図文、鐙《あぶみ》形図文、二個一対の凹字形図文と、その上に二個の対になる鐙形図文が描かれている。

棒状図文は、左側が高さ一五・三㌢、右側が高さ一五・五㌢とほぼ同形同大の大きさで、並列に描かれている。描線の太さは、中位で一㌢を測り、上下両端部は太く描かれている。とくに上端部は丸く表現され、両方の図文とも上端から三〜五㌢の位置に右斜め上方一五〜二〇度の角度で二本の平行する長さ二・〇〜二・三㌢の刺が突出している。これらの図文は二個一対の器物を表現したものと考えられるが性格は不明といわざるを得ない。

頸玉形図文

有刺棒状図文から右隣りに六・〇㌢の間隔を置いて、頸玉を描いたと考えられる図文が描かれている。

頸玉形図文と後述するさしば形図文・鐙形図文・凹字形図文の四つの図文は、彩色を施す前に、細く鋭い工具により線刻をして形を整えその上にベンガラにより彩色している。

頸玉形図文は全高二五・〇㌢を測り、上部には紐の結び目と推定される五本の細い線が放射状に認められる。また、楕円形の中段から下には、一五個の丸玉が周縁の緒から別の紐によって結ばれた表現を示している。頸玉の緒に連ねられた玉の形状はやや扁円形の丸玉に描かれているが不揃いである。

さしば形図文

頸玉形図文から玄門側に七・〇㌢の間隔を置いて、長方形区画に太く短い柄《え》が接続した図文が描かれている。全高一八・七㌢で、上端幅八・四㌢、下端幅七・〇㌢の長方形区画が描かれ、その上端には輪郭線を含めると八本の細く短い縦方向の平行線が描かれ

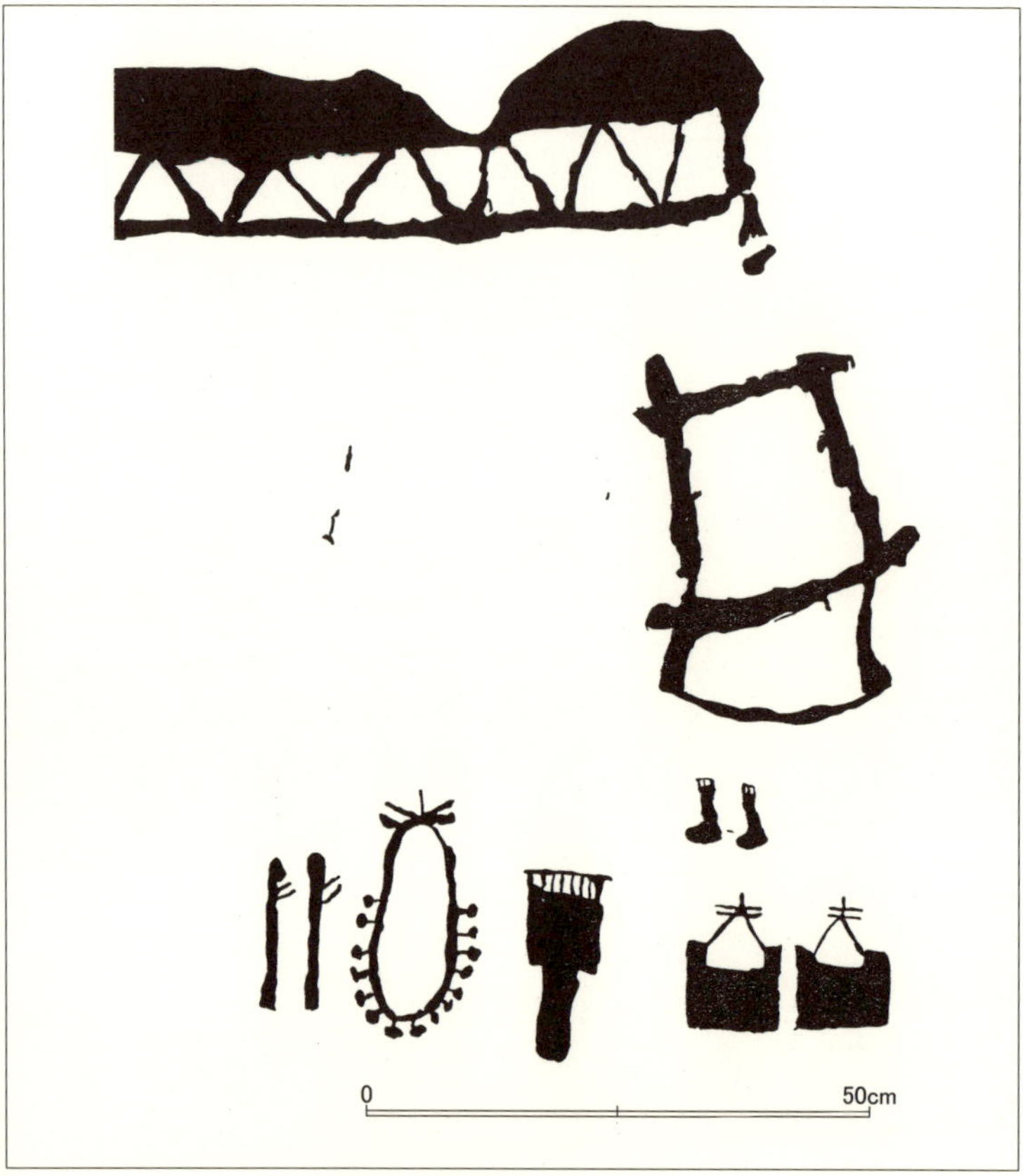

図 66　東壁壁画 3（玄門側）

ている。さらに、下方に突出する柄の部分は、長さ八・五センチ、幅三・五センチを測り、何を表現したかは不明であるが一応さしば形図文として考えたい。

　上端に描かれた八本の短い線は、靭形図文の鏃の表現化とも考えられるが、本壁面の靭形図文の鏃の表現はいずれも独立した表現を示しており、本例では、横一線が描かれ、異なって表現されている。

鐙形図文　井桁形図文の下六・〇センチのところに、長靴形を呈する二個一対の図文が存在している。上部に鉸具《かこ》と考えられる表現をもつ図文で、左側が高さ六・五㌢、幅一・〇㌢、下端幅三・七㌢を測り、下端は左方へ膨らんで描かれている。

右側もほぼ同様の形を呈し、高さ六・五㌢、下端幅三・六㌢を測り、大きさも変わりない。

凹字形図文

さしば形図文の玄門側八・〇㌢、鐙形図文の下約四・〇㌢のところに凹字形図文が二個一対で描かれている。この図文は長方形の上部に浅い窪みを設けた図文と、その両端部に接するように「夫」字形の図文が上に載せてあるものである。

右側の図文は、高さ一三・三㌢、上端部幅九・五㌢、下端部幅九・五㌢、窪みの深さ一・八㌢を測る。「夫」字形は、幅四・五㌢、高さは凹字形図文の上端から五・三㌢を測る。

左側の図文もほぼ同形同大の大きさである。

凹字形図文は、鐙形図文と上下の位置関係に描かれ、両図文とも二個一対として表現されている点に注意を払う必要があるものと考えられる。この凹字形図文は、鐙形図文との対応からして馬具のなかの障泥《あおり》を表現したものではなかろうか。また、凹字形図文については、古代の火打ち具あるいは櫛笥などのような祭祀関係に用いる箱類などの意見もあるが、いずれにしても他の装飾古墳の図文としては描かれていないものである。

以上が玄室東壁面の壁画であるが、奥壁近くの上端、三角連接文の下と盾形図文と井桁形図文の中間の位置で、上部の三角連接文の下に二〇〜三〇㌢離れて長さ三〜五㌢、幅〇・五㌢の線状の彩色が存在するが、これらは意図的な図文とは認めがたく、壁面上部に彩色を施す際に誤って顔料のベンガラが滴り落ちたものと考えられる。

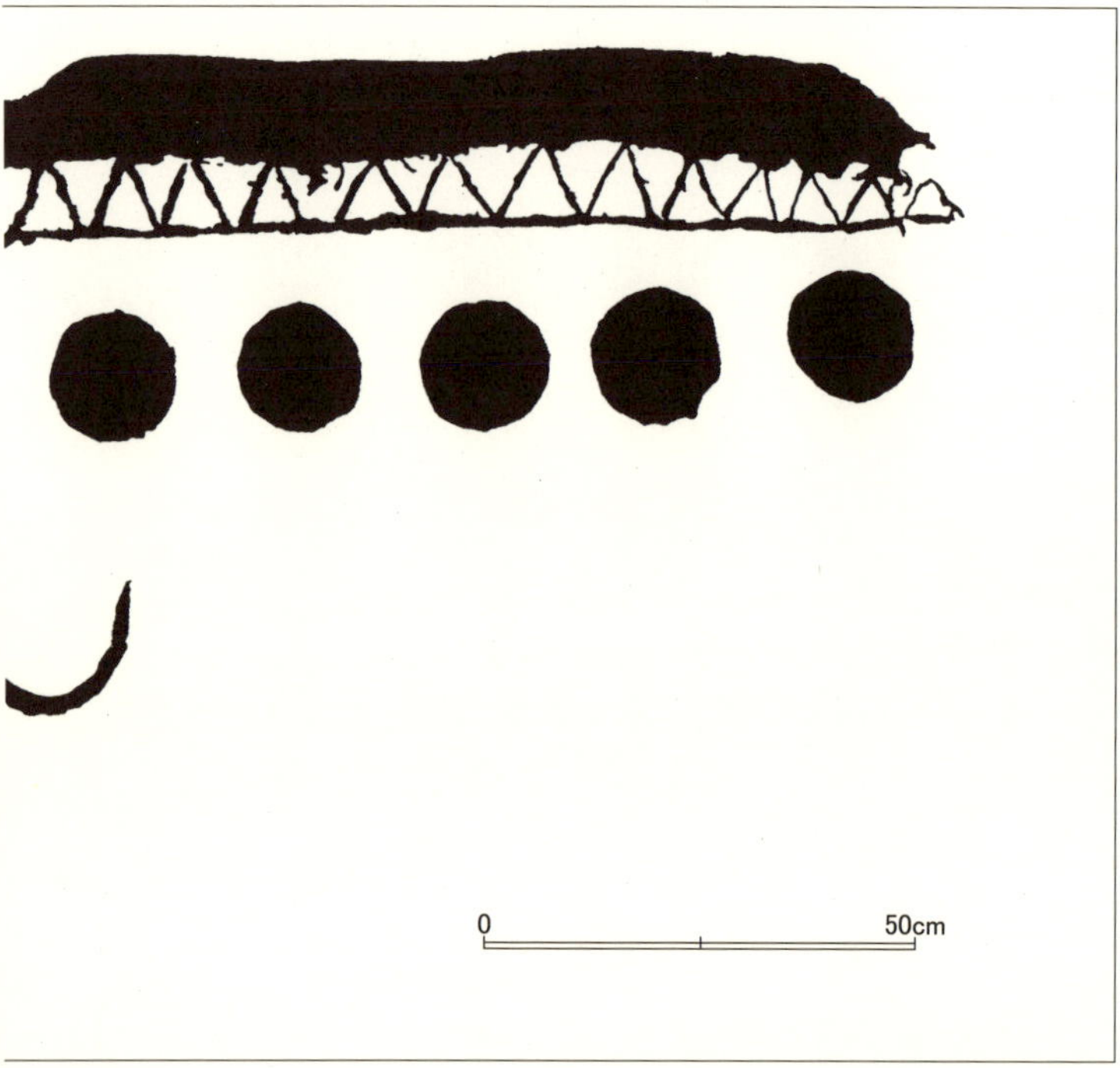

実測図

4　西壁の壁画

西壁は、二枚の凝灰岩板石によってつくられており、玄室内側にはその全面にわたり白色粘土が塗られている。西壁の下塗りは、刷毛目がきめ細かく残されており、壁面では左右両方向に走り、奥壁面近くでは上下方向に走るなど、繊細かつ入念に作業が行われていたことがわかる。

西壁上端の三角連接文　西壁の上端にも、東壁で見られたと同様の三角連接文が描かれていた。天井石と接する部分から、約八・〇センチの幅で、横に帯状にベンガラが塗られ、それに沿った形の約九センチの

図67　西壁壁画

間隔を置いて、幅一・五センチの横線が平行して描かれている。この空間に約一・〇センチの描線で鋸歯文を描き、幅七〜八・〇センチの連接する三角文を描き出している。

　西側の二枚の板石のなかの奥壁寄りの石には、一五個の三角連接文が描かれているが、描線は凸凹が認められる。一方、玄門寄りの一枚には、八個の三角連接文が見られるが描線の幅も約一・五センチと一定している。しかも描き方が丁寧で、三角文の間隔もほぼ等しい連接三角文が描き出され、奥壁側の連接三角文と好対照をなしている。これらの描き方からして、西壁における連接三角文の描き手は別人であった可能性が考えられる。また、二枚の側

図68　西壁壁画１（奥壁側）

壁の接合する部分では、玄門側の板石の壁面上部には、幅七・〇センチ、長さ二一・〇センチにわたってベンガラのベタ塗りが垂下している。このベタ塗りは、直接連接三角文の区切り、あるいは割付の余白を塗りつぶしたのではないかと思われる。

円文　西壁上端の連接三角文に沿った位置の下、奥壁寄りの壁面に六個、玄門寄りの壁面に三個、計九個の円文が描かれている（一号円文、二号円文として、玄門寄りを九号円文として述べる）。

図69　西壁壁画の円文と弧文

九個の円文は、中心に軸の跡を残し、いずれもコンパスで線刻された上にベンガラによって、全面に塗りを施して円文を描き出している。奥壁寄りの一号円文から四号円文までは直径が一五・〇センチ、玄門寄りの五号円文から九号円文までは直径が一四・五センチと二種類の円文が存在している。この直径で五・〇ミリの違いがある円文は、描き手が意図したものとは考えられず、作業中におけるコンパスの狂いがそのまま直径の違いとなったものであろう。なお、奥壁寄りの一号円文は、円文に重なり上位に四・〇センチほどずれて、直径が一四・五センチの線刻のコンパス文が認められる。このコンパスによる線刻の円文は、位置が高すぎたため、あらたに下に一号円文を描き直し、ベンガラを塗布したものと考えられる。

円文間の距離は、七・五〜八・五センチとほぼ平均しているが、二枚の側壁が接合する部分の六号円文と七号円文間は、一八・〇センチと他の間隔の倍以上の距離を有している。一号円文と連接三角文の距離は三・五センチで、玄門寄りの九号円文と連接三

図 70　西壁壁画 2（中央部）

角文の距離は九・二センチを測り、玄門側に寄るにつれて下がっていく傾向に描かれている。この連続する九個の円文は、一号円文の下地のコンパス文の修正から推定すると一号円文・二号円文〜九号円文という順序で描かれたものであろう。

弧線形図文　西壁の中位、奥壁側と玄門側からともに一・二メートル離れた西壁中央部に、上方に湾曲する弧線状の図文が一個描かれている。この図文は、床面から七三・〇センチ上位に、また五・六号円文の下端から一

図 71　西壁壁画 3（玄門側）

五・〇〜一五・五㌢下位に位置している。

弧線文の中央部では二・〇〜二・三㌢と幅広く描かれ、上方に内湾しつつ広がる両端部は、一・〇㌢と幅が狭くなっている。

上端から下底までの高さは一四・三㌢、幅は二二・三㌢を測る。この弧線形の図文は、ほかの装飾古墳の壁画からの理解にもとづけば形式化した舟の表現とも考えられる。いずれにしても、壁画の中央部に位置し、九個の並列した円文とともに重要な意味付けが感じられる図文といえる。

鐙形図文

東壁の玄門寄りに描かれたものとまったく同一の鐙形図文が、西壁の玄門寄りの、東壁と対照的な位置に描かれている。この鐙形図文は後述する凹字形図文と同様に鋭い先端をもつ器具によって線刻され、その上にベンガラで塗られて描かれている。

鐙形図文は、玄門から七七センチ離れ、また床面から八〇・〇センチ上位に長靴形を呈し、二個一対で描かれている。双方とも上端部には、鉸具《かこ》と考えられる表現が描き出されている。

玄門側の例は、高さ九・五センチ、下端厚さ二・〇センチ、中間部の幅一・〇センチを測り、下端は右方へ膨らんで描かれている。

奥壁側もまったく同様の形をして、高さ九・二センチ、下端幅厚み二・〇センチ、中間部の幅一・〇センチを測り、ほぼ同形・同大に描かれている。

とくに、この鐙形図文の上端の鉸具と考えられる表現は、線刻による下書きの上に細筆を用いベンガラで表現しており、写実的に描かれている。

凹字形図文

東壁に描かれた図文と同形であるが、東壁では、鐙形図文の下側に位置しているのに対し、西壁では、鐙形図文の右側にわずかに二・五センチ離れて並列に描かれている。

右側の図文は、高さ一六・三センチ、上端部幅一四・〇センチ、下端部幅一五・〇センチ、凹部の窪みの深さ一・七センチを測る。

左側の図文は、高さ一六・五センチ、上端部幅一四・〇センチ、下端部幅一三・五センチ、凹部の窪みの深さ一・七〜一・八センチを測る。

「夫」字形の高さは左側で、凹字形図文の上端から八・五センチ、右側で七・五センチを測る。

鐙形図文・凹字形図文とも東壁と同形である

が、西壁の図文のほうが一まわり大きく描かれている。

5　天井石および床面の彩色

玄室の三枚の天井石は、入念な白色粘土による下塗りが施された上にベンガラによる全面塗布が行われている。

ベンガラはかなり濃く塗られており、一部剥落した部分からは、下塗りの白色粘土の残りと岩肌が露出している。天井石の接合部も丁寧に塗布が施されており、天井石の架構後に塗布が行われたことを示している。中央の天井石は、荒削りの鑿跡が明瞭に残されており、他の天井石との違いが認められた。

床面は、七枚の凝灰岩切石により組み合わせて敷かれてある。床石間の接合面や、側壁との間隙には、白色粘土により、しっかりと目張がなされていた。床面にも赤色の色彩が残されているのでベンガラが塗布されていたことは確実である。また、一部剥落している場所からは、白色粘土が認められており、天井石と同様、白土の下塗りの上にベンガラが全面に塗られていた。

Ⅶ　保存科学調査

　虎塚古墳の発掘調査の成果の一つに未開口横穴式石室の保存科学調査が挙げられる。これは世界でも初めての試みと言っても過言ではない。

　虎塚古墳の未開口横穴式石室の調査については、前述したとおり、団長大塚初重と東京国立文化財研究所（東文研）の新井英夫による綿密な連絡の上に進められていた。

　従前、わが国における装飾古墳の発見は、工事などによる偶然の石室開口によって予測できない状態で突発的に発見され、そのままなんら保存対策も講じられずに対応されてきた。


　わが国における装飾古墳のなかの白眉と目され、五色の色彩で石室内に豊富な壁画が残されている福岡県王塚古墳でさえ、保存施設完成までには多くの人びとの努力と長い年月が費やされた。

　福岡県桂川町にある特別史跡王塚古墳は、一九三四（昭和九）年に発見された。この王塚古墳を護りつづけた人に西村二馬がいる。「個人の所有物だから役場としては関与できない」といわれた一言で当時の埋蔵文化財保護に関する保護・保存の困難さが伝わる。しかし、そのようなかでも、一九三五（昭和十）年には、石室入口に風除室の保存施設建設や、一九四〇（同十五）年には、一般参観厳禁などの保護策を講じている。さらに、一九四二（同十七）年には、カビ発生の報告が相次いだため「菌類被害調査」を行うなどの対策がとられている。とくに、装飾古墳の保存上問題となるのはカビの発生と石室内部の雨水の侵入であろう。

カビは、壁面の表面に発生して顔料を傷め、また、雨水は壁画を洗い流すばかりでなく、土中の成分を運んで壁面に結晶を析出するのである。戦前にこのような文化財の保護にあたられた関係者には頭が下がる思いである。このような、何次にも及ぶ保存対策の後、一九五三（昭和二十七）年には、王塚古墳は特別史跡第一号に指定される。しかしながら、この王塚古墳の組織立った保存対策が行われるようになったのは、昭和四十四〜四十六年にかけて「装飾古墳保存研究会」による調査研究を待たなければならなかった。

虎塚古墳の調査は、前年に発見された奈良県高松塚古墳の極彩色壁画の発見により、壁画が注目されてきたなかで、開口以前から保存を目的とした科学調査の手段を用いた画期的な古墳の調査といえる。

1　石室開口前の調査

一九七三（昭和四十八）年、虎塚古墳の調査を開始して二日目の八月二十三日には、第Ｉトレンチで、軟質凝灰岩の礫片が多数検出され、内部主体の可能性が考えられた。

八月三十日には、石室の閉塞石が露呈し、石室は未開口の、また良好な保存状態を保っているものと考えられた。この時点で、東文研保存科学部に調査依頼の連絡を入れた。

翌八月三十一日午後、東文研の登石健三保存科学部長、新井英夫・門倉武夫・見城敏子各技官によってそれぞれの専門分野での試料の採取が執り行われた。

図72　科学調査風景

　試料の採取は、人頭大の閉塞石を積み上げた石室前面上部に拳大石の下に空間が発見されたので、内径一五ミリのシリコンチューブを釣竿に固定し、注意しながら内部に挿入した。その結果、約一・五メートル挿入した地点で先端部が石に突き当たったので、この位置に固定し、挿入口を〇・三ミリのビニールシートで覆い、さらにその上を土嚢袋で抑えて、外気が入らないように遮断して試料の採取を実施した。

　この時点では、先端部は、玄室内部に入り、チューブの先端は石室内に到達しているものと考えていたが、その後の発掘調査において玄室入口の扉石の手前の羨道部の間隙の空気を採取していたことが判明した。

　このようにして、わが国で最初の未開口（実際には玄室内部には到達していなかったが、外気と遮断され石室に通ずる空間の空気）石室内の科学調査が行われた。

当日調査時の外気は三二度、湿度六五％のなかで、羨道部の土中温度一五度、湿度九二％という未発掘古墳の貴重なデータが初めて記録された

さらに門倉武夫が、未発掘石室内の空気組成を測定した。その結果、窒素・酸素などの濃度は、石室内が外気よりわずかに低い程度だったが、石室内の炭酸ガスは一・八〇㌫で、外気の約五〇倍という著しい高濃度を記録していた（表1）。

微生物学的調査　虎塚古墳の発掘時に、今回の未発掘古墳埋蔵環境の保存科学的調査の実施を大塚団長に懇請した微生物担当の新井は、石室内が多湿な環境なのに発掘直後の石室内壁面に微生物等の繁殖が認められないという。その解明にはこの調査が必須と考えていた。

そして「未発掘古墳内が形成している微生物学的に不活性な環境条件が判明したとき、発掘後の古墳の微生物による劣化の防止対策にひとつの有効な手段を提供し得るものと期待される」と報告書で述べている。

石室内の微生物は、チューブの他端にピンホールサンプラー（微生物採集装置）を接続し、コンプレッサーで吸引して採集した。同時に古墳周囲の外気中の微生物も同様に採集して対照とした。その結果、未発掘古墳内の空間一立方㍍中には、カビが二〇〇個、細菌が四〇〇〜七〇〇個生息していることを確認した（表2）。これを外気中の微生物数と比較すると、糸状菌も細菌も約1／2〜1／3であったが、微生物の生細胞が生息していたのである。すなわち、未発掘古墳の内部は無菌状態ではないことが判明した。

さらに見城敏子は、虎塚古墳石室内の空気の質量分析をおこない、外気中より顕著に認められる

表1　虎塚古墳未開口時石室内外の空気の測定結果

区　別	窒　素(%)	酸　素(%)	炭酸ガス(%)	水蒸気(%)	その他(%)
石室内	74.79	19.85	1.08	1.46	2.10
外　気	75.98	20.38	0.04	2.71	0.86

水蒸気の測定結果は温湿度の値から算出した。

表2　虎塚古墳における微生物数

年　月　日	種　類	石　室　内	古　墳　外
48. 8.31 未発掘時	細　菌	200	400〜600
	糸状菌	400〜700 (*Clad. 40〜60)	700〜1200 (*Clad. 300)
48. 9.17 発掘調査中	細　菌	400〜500	200
	糸状菌	900〜1060 (*Clad. 500〜600)	1080〜1200 (*Clad. 300〜700)

数値は空気1㎥中の微生物数を表わす。
*Clad. はクラドスポリウム様糸状菌の意。

表3　虎塚古墳未開口時石室内の微生物

担　子　菌[1]	16
担　子　菌[2]	30
ペニシリウム（アオカビ）	43
アルタナリア	14
トリコデルマ	10
ペスタロチア	7
クラドスポリウム	7
アスペルギルス（コウジカビ）	7
放　線　菌	2
細　　　菌	54

1) 菌糸に担子菌の特徴を有するもの。
2) 培養所見から担子菌と判定したもの。

低分子量の成分の存在を確認し、検討を加えてアミンの存在を示唆した。

低分子アミンの微生物に対する効果を早速検討した結果、低分子アミンは、微量で殺菌効力を示すことが判明した。このことは、未発掘古墳の石室内にこれら低分子アミン類が残留して、古墳内の微生物制御因子として作用していると考えられるに至った。そして低分子アミンの形成過程は、次のように考察されている。すなわち、石室内に埋葬された遺体の蛋白質は加水分解してアミノ酸となり、これがさらに化学変化して高分子アミンとなる。その高分子アミンは、屍毒といわれる猛毒の分子量八〇～一〇〇のプトマインなどにまで分解されるが、これらがさらに微生物分解を受けて低分子アミンが形成されると考えるのである。

2 石室閉塞後の科学調査

石室の埋め戻しの際に、保存科学調査関係者から、石室内部に通じるパイプを埋め込み後、定期的に石室内部の温湿度、空気組成、微生物等の調査を測定したい旨の提案があった。そのため、九月二十日の埋め戻しの際はビニール袋に詰めた粘土を煉瓦状に積み立て、さらに間隙には粘土で目張りをして密封した。そのおり、直径一〇㌢、長さ三㍍のヒューム管三本を連接して、一方は、石室の玄室六〇㌢のところに固定し、もう一方を封土内八〇㌢のところに付設した。このパイプを通して、パナホルムアルデヒドが挿入され、石室内の殺菌処理が図られた。さらにこのパイプを利用して、埋め戻しが終了した翌年の一九七四（昭和四十九）年五月二十二日、十二月九日と、以後、

図 73　埋め戻し閉塞状況

保存施設がつくられるまで定期的に石室内部の試料の採取がつづけられた。

調査は、一九七三（昭和四十八）年八月三十一日の未公開時の温湿度測定を開始して以来、一九八〇（昭和五十五）年九月三十日まで、一四回の測定を実施している。この期間中における外気温度は、最高で三二度、最低八度で温度差二四度あるにもかかわらず、石室内部では、最高温度一七度、最低温度一四・五度で温度差はわずかに三・五度にすぎない。

しかも、外気温度の最高は八月、最低温度は二月に観察されるが、石室内部では、四月下旬から五月上旬に最低温度が、最高温度は十月下旬から十一月上旬にかけて確認され、外気より二〜三カ月ほど遅れていることが確かめられた。

このことは、石室の密閉度が良好に保たれていることを示し、石室周囲の土質を通じて熱伝導により、外部温度の影響にともなっての変化とみなされる。

公開保存施設建設後は、自動計測装置により、一年中計測がつづけられているが、最近五年間の計測では、石室内奥部上位の最低温度一四・五度、最高温度一八・三度と若干の気温の上昇が観察されており、外気温度の上昇とも関係があるものと考えられる。

3　公開保存施設

虎塚古墳から壁画発見の報道がなされるやいなや調査現場には多くの見学者がひきもきらずに訪れるようになった。調査員が、宿舎に帰ると見ず知らずの一市民よりの飲み物や食べ物が置かれているようになった。そして、現場では、いつ壁画が見られるのかという声が日増しに高くなっていった。

調査期間中の九月十九日に実施した、初めての壁画公開日には、通常は寂しい中根の地を一万数千人という見学者が訪れたことでもわかるとおりである。

そのようななかで勝田市は、「勝田市虎塚古墳保存対策会議」を発足させ、今後の古墳のあり方について検討を重ねた。

対策会議の委員は、考古学関係者はもとより、保存科学、建築学、地元代表、行政関係者など幅広い分野の専門家によって構成されている。そして、一九七七（昭和五十二）年二月の第六回会議で保存の基本方針が決められた。

基本方針は、

一　公開を前提とする。

一　施設は羨道式とし、墳丘の景観および遺構を損なわない。

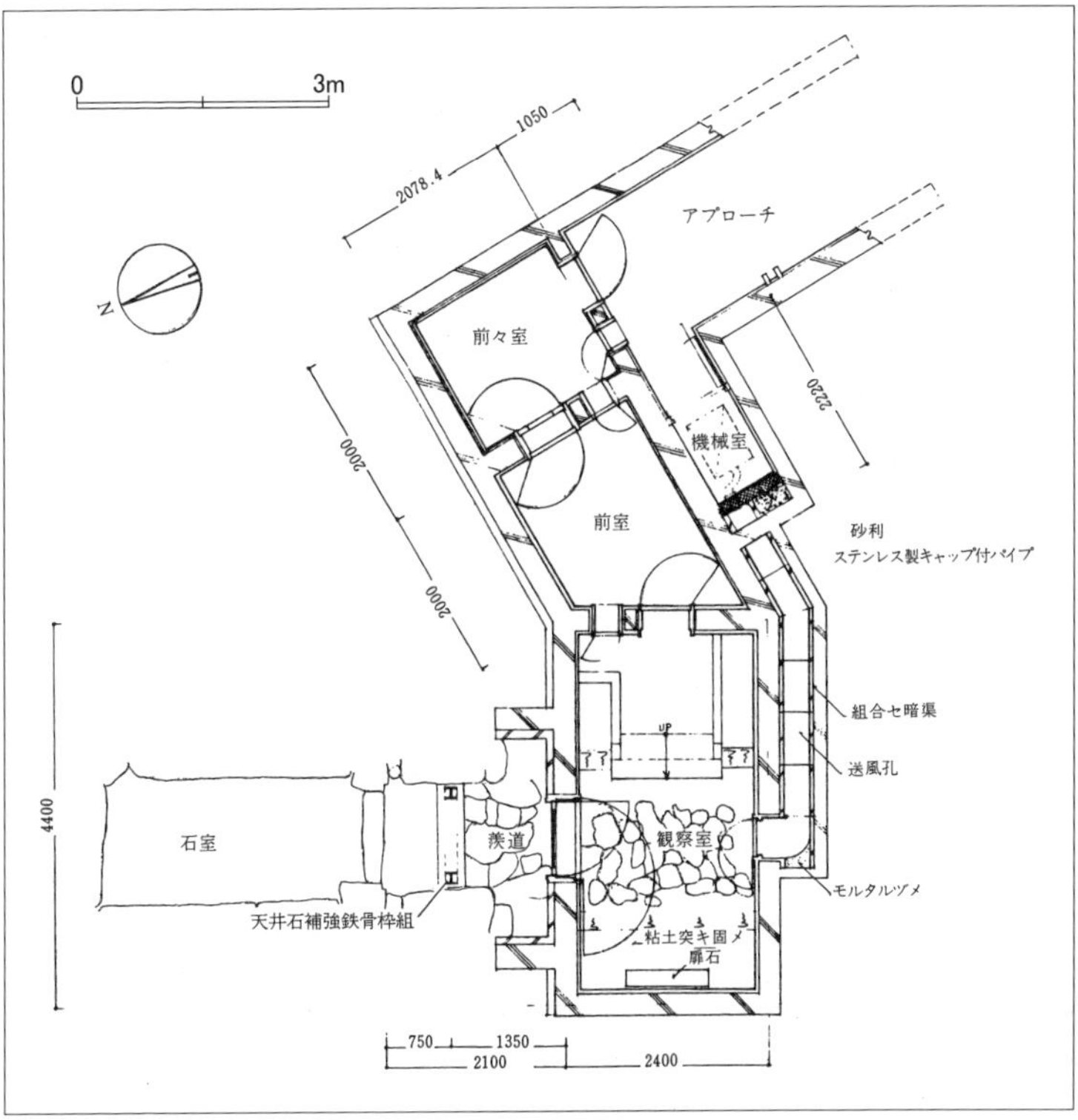

図 74　虎塚古墳公開保存施設平面図

一　墳丘および周辺の環境についても整備を図る。
一　石室内部の科学調査の継続および測定資料の活用と保存措置に万全を期する。
一　公開保存の管理組織について検討する。
一　公開はできるだけ早期に実現できるよう努める。

の六項目について決められた。

　さらに、一九七八（昭和五十三）年度までに指定地の公有地化を行い、一九七九（昭和五十四）年八月には、「勝田市虎塚古墳公開保存施設設置基本構想」を設定した。

　基本構想は、

一　公開は気象条件のよい春・秋の

二シーズン

一　保存施設は墳丘のなかに納める

一　観察室・前室の設置および防温・防湿の対策

一　付帯設備の完備

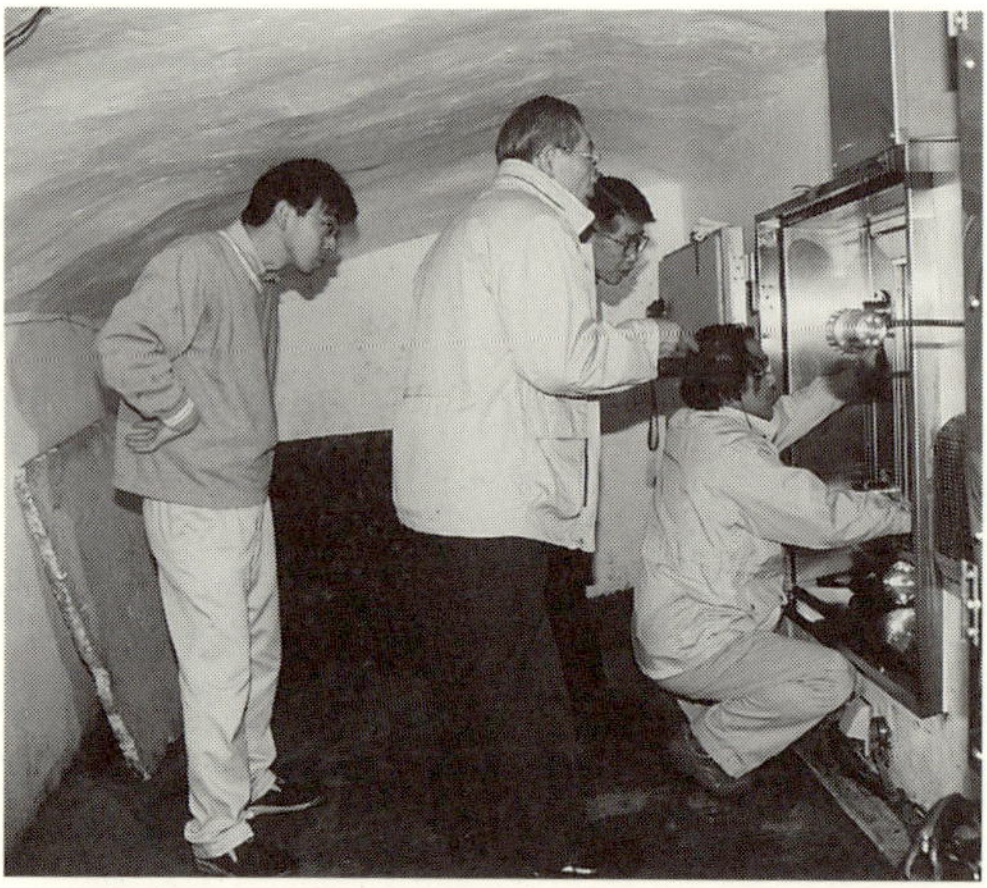

図 75　公開にともなう石室等の諸調査風景

などについてより具体的に決めてある。

　公開保存施設は、一九七九・八〇（昭和五十四・五十五）年の二カ年において、国・県の補助事業として実施した。一九八〇（昭和五十五）年十月二十五日から二十八日までの四日間、はじめて一般公開が行われた。

　一般公開には、多くの希望者が殺到し、混乱することが予測されたため、往復はがきによる抽選とし、また石室内の保存を考慮して一日三〇〇人に限定した。さらに、市内の小・中学生全員を対象とした公開が十一月十一・十二日の二日間行われ、たいへん好評を博した。

　しかし、公開を開始するにあたり、公開期間中の前後の諸作業に教育委員会が準備した品々は、氷二六九貫、ダイヤアイス（砕氷）二七袋、ワコーライム（消毒・殺菌用）一五キログラム、ペンタクロルフェノール（消毒・殺菌用）五〇〇グラム、パラフォルマリン（消毒・殺菌用）、など、実に細部に対応した薬品などが用意された。

また、多くの見学者が入室する観覧室には、すのこ一一枚、スリッパ二〇足、湿度調節用シーツ五枚など、はじめて経験する公開に対し、打ち合わせを何回も行い万全の策を講じた。

一九八〇（昭和五十五）年秋から始められた一般公開は、現在までつづけられており、原則的に春・秋とも木曜日から日曜日までの二週間の八日間、一年で十六日公開が行われ、県内はもちろんのこと、県外からも多くの見学者が訪れている。

公開に際しては、公開前と終了後の二回、保存対策会議の委員による点検や消毒作業が毎回行われており、これらの詳細な点検によって、石室内部の防黴対策等がとられている。

これらの点検作業は、毎年行うことによって、石室の保存状況を詳しく観察できるだけでなく、あらゆる状況に対しても瞬時の対応策をとることを可能ならしめている。

小林三郎・門倉武夫は、いままでの公開のすべての諸作業にかかわり、公開期間中も時間を見出しては現地で対応に従事している。矢島國雄は、ミリ単位の微生物の発生にもすばやく対応して大事にいたらずに対処することができた。

虎塚古墳は、現在良好に保存されているが、これら専門家による血のにじむような努力の結果、良好に保たれているものと考えられる。ちょっとした油断が、取り返しのつかないような惨事を招くことになろう。文化財の保存のむずかしさがここに存在している。

虎塚古墳調査・保存のあゆみ

一九七一年
12月23日〜29日　勝田市史編さん事業として墳丘測量実施

一九七三年
8月16日　第一次発掘調査開始
8月31日　東京国立文化財研究所により未開口石室内部の科学調査実施
9月12日　午前一〇時五〇分、石室の扉石が開かれ、彩色壁画の発見
9月19日　調査期間中の壁画の一般公開　一万数千人の見学者が訪れる
9月25日　第一次発掘調査終了
11月1日　「勝田市虎塚古墳保存対策会議」発足
11月2日　史跡指定申請書を文化庁に提出
11月28日　第一回保存対策会議を開催
11月30日　文化財保護審議会が虎塚古墳の史跡指定について文部大臣に答申
12月10日　「勝田市虎塚古墳　─第一次発掘調査概要─」市史編さん委員会より刊行

一九七四年
1月18日　第二回保存対策会議を開催
1月23日　虎塚古墳国の指定官報告示（文部省告示第七号）
5月22日　東京国立文化財研究所石室内科学調査実施（石室閉塞後一回目）
6月7日　第三回保存対策会議を開催

一九七五年	6月28日	第二次発掘調査のため現状変更許可申請書提出
	8月1日	第二次発掘調査開始墳丘規模確認のため墳丘裾、周堀等調査
	8月30日	第二次発掘調査終了
	12月9日	東京国立文化財研究所石室内科学調査実施
一九七六年	5月28日	東京国立文化財研究所石室内科学調査実施
	5月27日	第三次発掘調査のため現状変更許可申請書提出
	6月18日	東京国立文化財研究所石室内科学調査実施
	8月1日	第三次発掘調査開始前方部周堀等調査
	8月22日	第三次発掘調査終了
	9月29日	第四回保存対策会議を開催
	12月4日	第五回保存対策会議を開催
一九七七年	1月18日	東京国立文化財研究所石室内科学調査実施
	1月18日〜20日	施設設計のため埋戻し後の後円部実測
	2月3日	第六回保存対策会議を開催（保存の基本方針決定）
	3月25日	東京国立文化財研究所石室内科学調査実施
	3月29日	指定地四六九八平方メートル購入（登記）

図 76　開扉直後の石室内部

一九七八年

3月7日　指定地三六九三平方メートル購入（登記）
3月25日　「勝田市史別編Ⅰ虎塚壁画古墳」市史編さん委員会より刊行
4月4日　東京国立文化財研究所石室内科学調査実施
7月1日　公開保存施設設置基本構想案検討（市関係部局）
7月19日　東京国立文化財研究所石室内科学調査実施
8月14日　基本構想案設定
9月25日　虎塚古墳調査会発足
9月30日　保存施設設計業務委託着手
10月2日　昭和五三年度第一回連絡調整会議開催
10月3日　設計のための土質調査（ボーリング）開始
10月9日　発掘調査のため現状変更許可申請書提出
10月21日　虎塚古墳調査会による各種調査開始（石室入口に保護室を仮設
　考古・保存科学等の調査を実施）
10月28日　石室五年ぶり開く（保存状態良好）
10月28・29日　仮設保護室による石室一般公開
11月5日　調査終了埋め戻し作業
12月6日　東京国立文化財研究所石室内科学調査実施

一九七九年

1月12日　第二回連絡調整会議開催

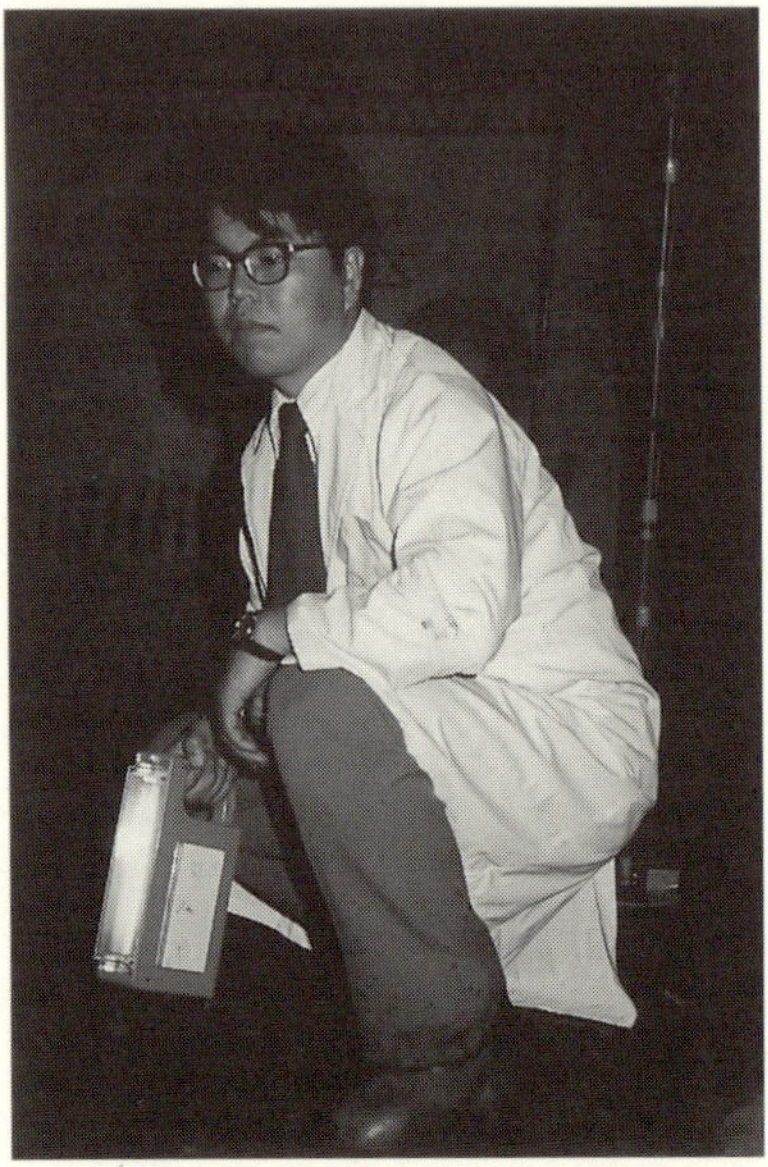

図 77　石室内部調査風景
（温度上昇を考慮して蛍光灯を使用）

2月7日　公開保存施設設置基本構想策定
5月14日　建築基準法に基づく確認申請書提出
6月25日　工事に伴う現状変更許可申請書提出
7月9日　昭和五四年度第一回連絡調整会議開催
8月6日　工事に伴う墳丘切土（考古学）作業開始
8月8・9日　東京国立文化財研究所石室内科学調査実施
8月19日　東京国立文化財研究所石室内科学調査実施
8月21日　第二回連絡調整会議開催
8月22日　墳丘切土（考古学）作業終了

9月10日 第三回連絡調整会議開催。工事起工式
9月19日～21日 施設本体位置確認、天井石補強部の実測及び型どり、現場打ち合わせ
9月30日～10月2日 天井石補強アングル取り付け及び現場打ち合わせ
10月15日 東京国立文化財研究所石室内科学調査実施
10月15日～17日 天井石補強アングル取り付け
12月24日～26日 休憩所基礎地耐力調査実施

一九八〇年

1月31日 東京国立文化財研究所石室内科学調査実施
2月1日 第四回連絡調整会議開催
3月15日 昭和五四年度工事竣工
3月29日 第五回連絡調整会議開催
5月14日 昭和五五年度第一回連絡調整会議開催
6月23日 施設設置工事着工
6月30日 東京国立文化財研究所石室内科学調査実施
9月29日～10月2日 石室閉塞取り外し（施設と石室が接続する）
10月9日 第二回連絡調整会議開催
10月14日 施設設置工事竣工
10月18日～20日 関係者試行公開
10月25～28日 施設完成後の最初の一般公開実施

図 78　石室公開時における屋外での説明
（観覧室は一度に 3〜5 人しか入れないため、屋外で説明を受ける）

11月11日・12日　市内小・中学校（児童・生徒）公開
12月8日　第三回連絡調整会議開催
12月24日～28日　後円部墳丘補修工事実施

一九八一年

2月6日　施設内計測器保守点検
2月18日　第四回連絡調整会議開催
3月31日　「史跡虎塚古墳保存整備報告書」刊行

Ⅷ 虎塚古墳壁画とその背景

1 虎塚古墳の意味するもの

虎塚古墳は、全長五六・五㍍を測る前方後円墳で、後円部南側に開口する軟質凝灰岩の横穴式石室が設けられている。石室の玄室および玄門には、白色粘土で下塗りされた上に、ベンガラ（酸化第二鉄）で、円文、環状文、連接三角文などの幾何学文様と大刀、靫、鞆などの武器・武具が彩色された装飾古墳である。

東日本に存在する古墳のなかで、学術目的をもって発掘調査された前方後円墳の墳形をもち、彩色壁画が発見された唯一の古墳であるといえる。

虎塚古墳群は、壁画をもつ第一号墳を盟主に、周辺の五基の古墳を併せ、合計六基の古墳で構成されている。六基の古墳のなかで調査によって確認されている墳形は、前方後円墳一基、方墳二基、円墳一基、不明二基である。いずれの古墳からも埴輪片は未検出であり、調査が行われた四基の古墳の内部主体は軟質凝灰岩の同じ石材でつくられた横穴式石室をもっている。ひたちなか市内の古墳時代年代を知る手がかりになる遺跡に馬渡埴輪製作遺跡が存在する。

馬渡埴輪製作遺跡は、一九六三（昭和三十八）年、勝田三中の生徒により馬形埴輪が発見され、その存在が明らかになった。

一九六五（昭和四十）年から、勝田市と明治大学による調査が行われ、登り窯九基が発見され、埴輪製作遺跡であることが判明した。調査は一九六八（昭和四十三）年まで、七次に及ぶ発掘調査が行われ、A・B・Cの三地区から、登り窯、工房跡、住居跡、粘土採掘坑などの埴輪製作にかかわる一連の遺構が確認され、一九七九（昭和四十四）年に国の史跡指定を受けた。

登り窯は、A地区から九基、B地区から二基、C地区から三基（うち未使用一基）が確認された。遺跡で埴輪が製作されていたのは、B地区が示すように二基前後の登り窯で細々として焼かれていたものと考えられる。

住居跡からは、多くの土師器が出土しており、土師器の示す馬渡埴輪製作遺跡の操業時期は、五世紀終末から六世紀終末にかけての年代が与えられる。

おそらく市内の古墳のなかで埴輪が樹立された鉾の宮古墳群、笠谷古墳、長堀古墳、大平黄金塚古墳などはこの時代に築造された古墳と考えられる。虎塚古墳群六基のなかで、埴輪片が確認された古墳は一基もなく、この点において古墳群の築造は七世紀に入ってからのものと考えられる。

前方後円墳の年代を知る上での観点に前方部の発達度が上げられる。虎塚古墳の場合、全長五六・五㍍に対し、前方部端幅三八・五㍍、後円部直径三二・五㍍と前方部が後円部を六㍍ほど凌駕している。

虎塚古墳と五〇〇㍍の距離を隔てて位置する笠

谷古墳群第六号墳は、墳丘に埴輪が樹立された全長四三・〇㍍の前方後円墳で、後円部直径は三〇・〇㍍に対して前方部端幅二五・〇㍍と前方部が未発達な様相を呈している。

笠谷六号墳は、後円部南側に開口する横穴式石室があり、一九五一（昭和二十六）年に調査が行われ、金銅製柄頭、馬具、鉄鏃などが発見され、その副葬品から六世紀後半に位置づけられている。

また、一九八五（昭和六十）年に調査が行われた大平一号墳は、全長（推定）四八・〇㍍と虎塚古墳と似た規模を有しており、後円部直径二六・四㍍に対し、前方部端幅（推定）は三三・四㍍と前方部が大きく開いている。本墳は前方部に横穴式石室が存在し、内部からは、銅釧、刀子、鎌、鉄鏃、馬具、切子玉、臼玉《うすだま》、小玉などの副葬品が検出された。墳丘には埴輪が樹立されていない。

石室は、近くで産出する凝灰岩質泥岩で造られた両袖型玄門付横穴式石室で、虎塚古墳の石室と同様な構造を呈している。ただ、玄室は、平面プランで中央部がやや膨らんだいわゆる「胴張り」を呈していることや玄室の両側壁は各三枚の板石を使用している点などの違いが見られる。いずれにしても虎塚古墳とは最も近い時期に構築された古墳と考えられ、その時期は七世紀の初頭と考えられる。

このように付近に点在する古墳から推定して虎塚古墳の築造年代を考えた場合、その特徴を挙げれば、

一　墳丘には埴輪が樹立されていない。

一　前方部が後円部より六㍍大きく広がる。

一　玄室の石材は板石の一枚石を使用している。

一　玄室の板石に対して羨道部は、横手積みの三段でつくられている。

などから勘案して、七世紀の初頭の時期が考えられ、おそらく周辺を含めた本地域のなかで最後に築造された前方後円墳であろう。

虎塚古墳群のなかの第四号墳は、三〇㍍の方墳であるが、玄室（天井石・床石も含めて）、羨道部ともすべて一枚石でつくられ、さらに玄門部も一枚石の中央部に入口を設けるなどの、他にあまり例のない石室構造を有しており、七世紀の中ごろの時期と考えられ、おそらく本域のなかにあって最後に築造された古墳の一つといえよう。

中丸川周辺の古墳を築造順に考えてみると笠谷六号墳（六世紀後半）→大平一号墳（七世紀初頭）→虎塚古墳（七世紀初頭）→金上殿塚古墳（七世紀前葉）→虎塚四号墳（七世紀中葉）→三反田飯塚前古墳（七世紀中葉）の変遷が考えられる。

虎塚古墳の葬送儀礼のなかでもう一つの疑問は追葬が行われたかどうかであろう。

虎塚古墳の前庭部から周堀への傾斜面にかけて黒色有機質土層が堆積し、墓道前面の東西両側には相当量の凝灰岩礫群がまとまって発見された。これらの礫群は、玄門部の閉塞石を覆っていた人頭大のものとまったく同じ同質同大の石材であり、加えてその礫群のなかから鉄鏃・鉄釧・石突・鉄釘などの多くの遺物が出土している。

虎塚古墳の石室内に埋葬された一体の男性遺骸に副葬されていたものは、小大刀一口のほか、刀子一個、鉄鏃二本、毛抜形鉄製品一個と用途不明の有孔鉄板片一枚が出土したにすぎず、全長五六・五㍍を有する古墳の副葬品としてはまことに貧弱極まりない内容である。

小大刀の拵えは、鞘の部分に銀製の吊金具が取り付けられ、古墳時代終末期の様相を呈し、追葬の時期もこの時期と考えると、七世紀の前葉から中葉にかけての時期が与えられるものと考えられる。

そうすると、墓道前面の礫群のなかから鉄鏃四〇本を超えるなどの多くの遺物は、本来は、虎塚古墳の副葬品であったものであろう。

横穴式石室で追葬が行われるのは普遍的な事例であるが、その場合、前の被葬者の遺骸までも掻き出す必要性があったのであろうか。

それと同時に、鮮やかな彩色の壁画はどの時点で描かれたかが問題となろう。入念な白土の下塗りや壁画の構図などから考慮すればやはり古墳築造時に描かれたものと判断せざるを得ない。

虎塚古墳の報告書のなかで大塚初重は、「壁画の構成や位置の変化を検討すると、両側壁玄門寄りの馬具を含む一群の壁画は、内容といい、壁画の意味といい、他の壁画とはやや異質の感があるので、あるいは、それらが追葬時に、新たに描き加えたものであったかも知れない」と、推測にすぎないがと、但し書きを入れながら述べている。

この、馬具を含む一群の壁画は、たしかに他の壁画群とは、一線を劃して描かれており、玄門の壁画とは明らかな差が生じている。

それは、他の具象的な、靭・鞆・盾といわれる具象的な文様がフリーハンドで描かれているのに対し、この馬具を含む一群の壁画は、細い金属状の工具によって綿密な下書きを施した上にベンガラによる彩色が施されているのである。

彩色の壁画と線刻の壁画を検討した場合、線刻の壁画のほうが、より後出的であるが、虎塚古墳の場合、円文や環状文もコンパス状の器具による線刻の上にベンガラによる塗布が行われており、これらの文様は同時に描かれたと理解したいと思う。

2　装飾古墳の分布と茨城

　わが国の三世紀後半から八世紀はじめにかけて築造された古墳の数は、三〇万基をしのぐ多くの数にのぼっているものと考えられ、九州から東北地方にかけて広く分布が見られる。そのなかで、埋葬施設の石棺や石室内部に彩色や線刻により装飾を施したものを装飾古墳とよんでいる。さらに、丘陵の崖面に穿たれて築造された横穴墓の内外の壁面に同様の彩色や線刻あるいはレリーフなどによって装飾されたものも含めて一般に装飾古墳とよんでいる。これらの装飾古墳は、現在まで全国で六五〇遺跡前後しか確認されておらず、古墳の総数に対してわずか〇・二㌫とかなり少ない数である。しかも、装飾古墳の七割を超える数が、北部九州に集中して発見され、それ以外では、山陰、そして茨城から福島・宮城各県の太平洋岸に集中して発見されるなどの偏った分布状態を示している。

　小林行雄の分類によれば、まず最初に横穴式石室の内部に置かれた石棺に直弧文などによる装飾が施された石棺系装飾古墳が上げられるという。直弧文以外にも、簡単な同心円や、連続する三角文なども見られる。

　次いで、横穴式石室の内部にあらかじめ彫刻を施した板石を石室内部に搬入し組み立て、周壁の下部を装飾する石障系装飾古墳の存在である。さらに、横穴式石室の壁面に彩色で装飾を施した壁画系装飾古墳で、虎塚古墳などがこれにあたる。これらの三種の装飾古墳はいずれも構造こそ違え、横穴式石室という共通性が認められる。

　最後に、崖面などに穿たれた横穴墓の墓室（玄室）や外面にまでも装飾を施した、横穴系装飾古墳である。

石棺系装飾古墳は、四世紀半ばから五世紀終末まで、石障系装飾古墳は五世紀半ばから六世紀前半まで、壁画系装飾古墳は六世紀初頭から七世紀前葉まで、横穴系装飾古墳は六世紀半ばから八世紀前半までと、それぞれ重複しながら変遷している。

また、八世紀前後にはこれらの装飾古墳とは系統を別にする中国唐様式の壁画古墳が築造され、高松塚古墳やキトラ古墳がこれに相当する。

3　茨城県の装飾古墳

現在、茨城県で確認されている装飾古墳は、装飾古墳九基、装飾横穴墓九基の一八基を数えることができ、装飾古墳が多く分布する地域の一つである。

そのなかでも、虎塚古墳に見られるような色彩を施した壁画をもつ古墳は、虎塚古墳をはじめとして、船玉古墳（筑西市船玉字岩屋）、花園三号墳（岩瀬町友部字山田）、大師の唐櫃古墳（かすみがうら市町安食字田子内）、十日塚古墳（かすみがうら市坂字折越）の五遺跡が知られる。

前方後円墳は、虎塚古墳・十日塚古墳の二基、花園三号墳・船玉古墳の二基は方墳、大師の唐櫃古墳は墳丘のプランが不明である。

壁画の色調は、花園三号墳が白・赤・黒の三色、虎塚古墳・船玉古墳が白・赤の二色、大師の唐櫃古墳・十日塚古墳は赤色のみの単色である。

また、日立市かんぶり穴横穴墓群（日立市川尻町十王前）二・一一・一四号墓は、彩色が施され、白・赤・黒の三色（一一号墓）、白・赤の二色（二号墓）、一四号墓は、赤の単色と色彩豊かに描かれている。

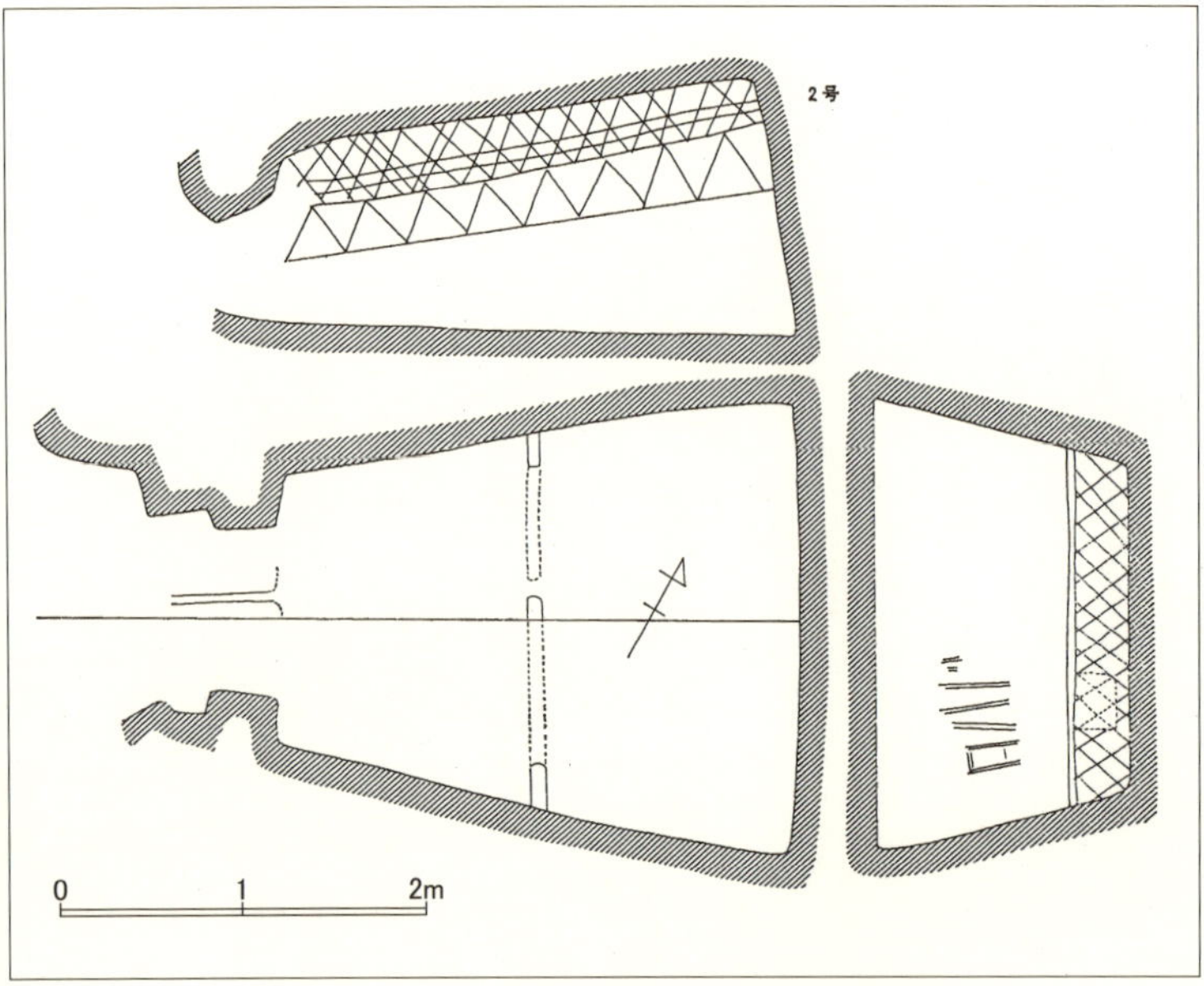

図 79　かんぶり穴横穴墓群 2 号横穴墓実測図

このように茨城県は、九州についで多くの装飾古墳がつくられた東日本のなかでも、壁画系の装飾古墳が見られ、そのなかでも虎塚古墳は、壁画の種類の豊富さ、保存の良好な残存状況から代表とされる。とくにこのなかでも虎塚古墳と同じ那賀国に存在する吉田古墳と金上殿塚古墳は、ともに線刻で描かれているが、靭を中心とした図柄は共通性をもっている。また、岩瀬町花園三号墳も、那賀国からはずれるが同様の武器・武具が彩色で描かれ、虎塚古墳の文様にきわめて類似した文様構成が見られる。

吉田古墳は、千波湖の南台地上に位置し、外観では円墳を呈するが、測量の結果、一辺が約八㍍、高さ約一・七㍍の方墳である。古墳は一九一四(大正三)年に偶然に発見されたもので、金環三、鉄鏃数十本、刀剣残欠などが出土した。埋葬施設は、南側に開口する凝灰岩製の横穴式石室で、奥壁一枚、側壁は左右各三枚ずつ、天井石三枚で構成される。石室の規模は、床面奥行き三・三㍍、間口一・四㍍、高さは一・六㍍である。

壁画は、奥壁に見られるもので、中央には五本の鏃をもつ靫が、靫の左右には広い鋒先をもつ鉾が、いずれも線刻により大きく描かれる。左端には広い鞘尾をもつ大刀の拵えが、さらに、右端には三本の矢を納めた靫が描かれる。また、中央の靫の上には、鞘に入れられた刀子二本が描かれる。いずれにしても、本壁画は、奥壁にまとまって武器・武具が描かれており、虎塚古墳と共通の構図を示している。七世紀の前半に築造されたものである。

図80　金上古墳壁画実測図

花園三号墳は、岩瀬町西友部の、加波山の北西にあたる標高七〇㍍の丘陵縁辺部に位置し、周堀を含めると一辺三〇㍍の方墳である。

一九七九（昭和五十四）年、工事により破壊されたおりに、横穴式石室が発見され、彩色壁画が描かれていたことが判明した。石室は、花崗岩の切石を用いた横穴式石室で、推定で奥行き二・八㍍、幅一・六㍍、高さ一・八㍍前後の玄室に三㍍ほどの羨道部が付く構造であったものと考えられる。

壁画は、奥壁と左右の両側壁に、赤・白・黒色の三色によって描かれているが、茨城県内で三色の顔料で描かれているのは本墳だけである。

奥壁の壁画は、上下二段に分かれており、上部

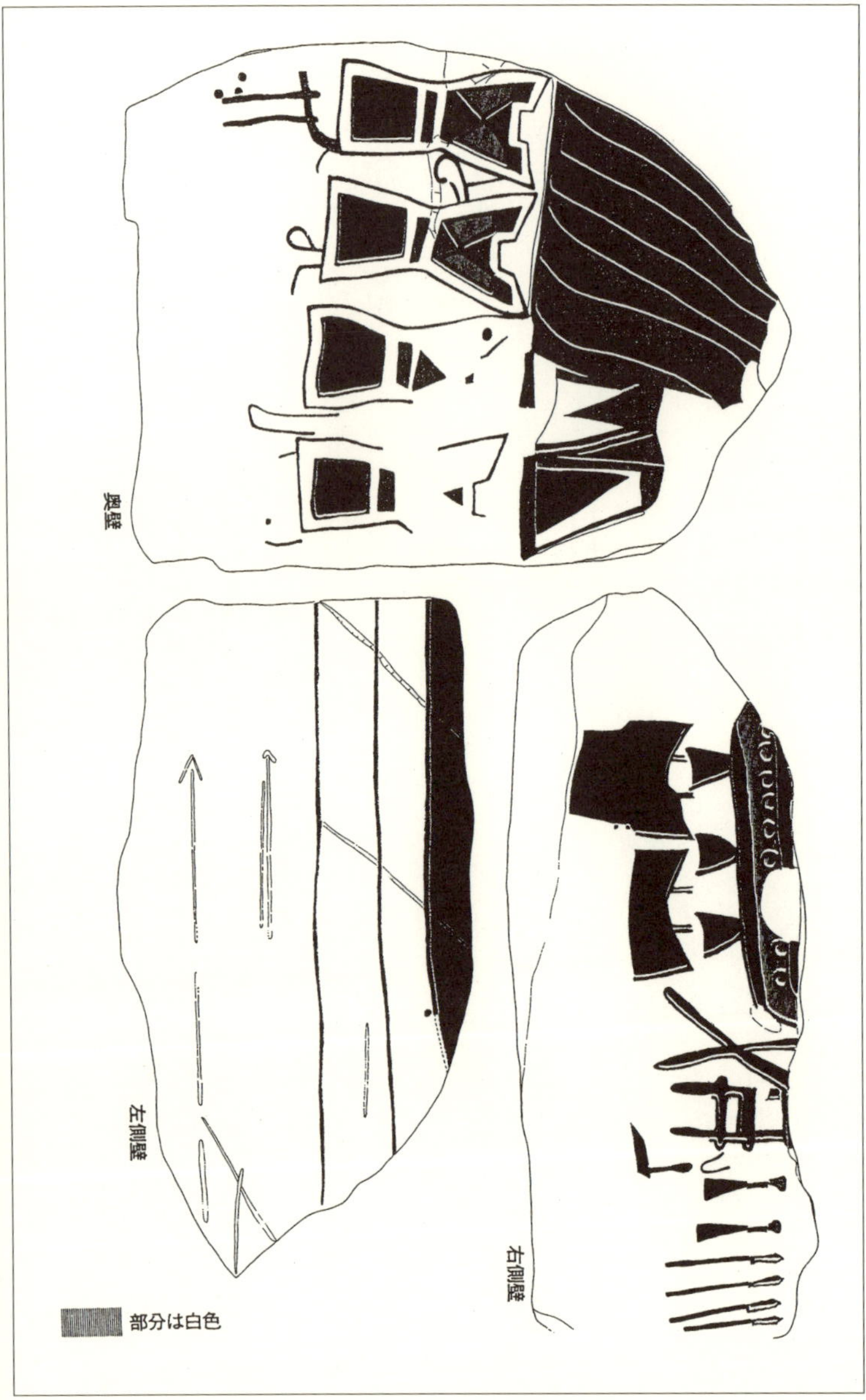

図 81　花園古墳群三号墳壁画実測図

の左側には上下に七本の赤色帯と六色の黒色帯とが交互に配している。上段右側には、台形の内部に赤・白・黒色の三色で三角形を描き出している。下段には同じ三色の色彩で靭を横一線に並べた状態で描いている。靭の下には、赤色で彩られた紐状の付属品と考えられる表現が見られる。

右側壁には、左上に赤の横線にはさまれた黒色の横線が見られ、その下に赤い環状文が一〇個並んで描かれる。その下位にも、靭の上半部と考えられる図文が二個描かれ、矢の表現が見られる。右側には、大きな「X」字状文と井桁状文があり、さらに柄頭が大きく描かれた環頭大刀と考えられる図文が二本、先端が鋭く尖り槍と思われる図文が四本並行して描かれる。

左側壁には、横に走る赤色の平行線と珠文が描かれる。

本古墳からは、須恵器提瓶、土師器杯や金銅製飾りのある大刀の部品などが出土しており、七世紀初めの築造と考えられる。

本古墳は、石室内の奥壁、左右両側壁などに彩色の靭を中心とした武器・武具や幾何学文様が描かれるなど、虎塚古墳の壁画に最も近い内容のものであろう。

4 装飾古墳の分布

装飾古墳の分布が、古墳が多く築造されている近畿地方を飛び越えて、九州と東日本に相似た共通の彩色壁画が存在することについては、従来より多くの研究者によって諸説が挙げられている。

茨城県から東北にかけて装飾古墳が多く見つかっていることに注目したのは、大場磐雄である。大場らによって明らかになったのが、古代の氏族、多氏を中心とした氏族の九州から東国に移住したことによる装飾古墳の東国分布である。

大場は、『常陸国風土記』行方郡の条に記載された建借間命の凶賊討伐とそのときの「杵嶋唄曲」に注目した。「杵嶋唄曲」については、生田目和利らによる詳細な研究が挙げられる。

志田諄一の那賀国造の性格によれば、豊かな水辺環境と広大な領域を有した那賀国の初代の国造は、建借間命《たけかしまのみこと》とされている。「国造本紀」には、成務天皇の御世に伊予国造同祖の建借間命を仲国造にさだめた。とあり、建借間命は、神八井耳命の八世の孫となっている。『古事記』にも神武天皇の皇子神八井耳命は、意富臣・小子部連・坂合部連・火君・大分君・阿蘇君・筑紫三家連・雀部臣・小長谷造・都　直・伊余国造・科野国造・道奥石城国造・常道国造・仲長狭国造・伊勢船木直・尾張丹羽臣・島田臣等の祖なり、とあるので、那賀国造は神武天皇の皇子神八井耳命の子孫という皇別系譜をもっていたのである。

このことによって、建借間命は、神八井耳命を祖とし、多（意富）氏一族であり、九州地方の火君・大分君・阿蘇君・筑紫三家連などと同祖とする。この多（意富）氏一族が鹿島神宮を奉斎して東国に進出したとしている。

ここで、常陸国の国造は、那賀国造のみが皇別系譜で、ほかの国造はすべて天神の後裔と称していることに注目される。

『常陸国風土記』行方郡の条には、

連舟編桃　飛雲蓋　張虹旌　天之鳥琴　天之鳥笛　随波逐潮　杵嶋唄曲　七日七夜　遊楽歌舞

の文章が見える。

これについて、西野宣明板本では、これを「杵島唄曲」と改め『肥前国風土記』逸文にみえる杵島曲の類であろうと述べている。そして、このことが装飾古墳の多い九州火国と常陸国を結びつけているのである。

とくに、建借間命を那賀国造の祖とする地域には、虎塚古墳をはじめ、吉田古墳、金上殿塚古墳の装飾古墳が存在している。

橋本雅之は、この文章を検討して、

> 「鳴杵唄曲」を可とする結論を導いた。そして、……ここで唄われた曲についてもあえて杵島曲などという彼方の国の歌謡を想定するより、久慈郡の記事にみえる「筑波之雅曲」などを想定するほうが、はるかに自然な解釈であるといえるのではなかろうか。かくして、「鳴杵唄曲」とは、杵を打ち鳴らして調子をとり、常陸国の歌謡を歌ったことを述べたものと思われるのである。

はたしてそうであろうか。

秋本吉徳は、『風土記（一）全訳注常陸国風土記』のなかの筑波郡の条で、

> この一条は、従来から指摘されているように、『肥前国風土記』逸文の「杵島山」の条と、文全体の構成・漢文修辞のあり方・歌垣の採取などきわめて類似点の多いことは注意すべきである。

とすでに指摘しているのである。

このような観点からもう一度『常陸国風土記』行方郡の条をみてみると、本当に「筑波之雅曲」などの地元の歌謡であったものであろうか。

建借間命は、在地の凶賊の首領らを捕らえるために大いなる策略を巡らし、そのために、

> 武器をつくり備え、それらをなぎさにいかめしく装い飾り、舟を連ね筏を組んだ。蓋は天上の雲のごとくへんぽんと飛び、旌は虹のご

とく空になびいた。天の鳥琴・天の鳥笛は、波の寄せ来、また、潮の流れに応じて音が流れ、杵島ぶりの歌を唄って、七日七夜歌い舞い、遊び楽しんだ。（秋本吉徳『風土記（一）全訳注常陸国風土記』）

のである。だからこそ、凶賊どもは、初めて聞く、初めて観る彼方の温曲や舞に、
一家の男も女もすっかり穴から出てきて浜いっぱいに群がって大喜びをして騒ぎ立てた。

のではあるまいか。皆殺しにされるのも知らないで……。また、この場合の穴は、竪穴住居を指しているものであろう。

さらに、ここで問題にしたいのは戦いの前での「鳴杵唄曲」であろう。橋本が説明しているようにここでいう「杵」は武器として使用されるならば、むしろ叩きつけることを目的とすると思われるのである。

ここであらためて、『肥前国風土記』逸文にみられる「あられふる　杵島が岳を　峻しみと　草採りかねて　妹が手を執る。是は杵島曲なり」とある、杵島曲とはいかなるものであったのであろう。霰降るは、杵島にかかわる枕詞であり、霰のふり方がキシキシと音がすることから杵島にかかわっているものであろう。それと同時に、杵島曲も杵と杵とを打ち鳴らして調子を整えたものではなかろうか。

鹿嶋市にある鹿島神宮は、武人である武甕槌神を祀り、「常陸一の宮」として崇拝されてきた。多氏一族はこの鹿島神宮とも密接な関係があり、この多氏こそ鹿島の神を奉じて蝦夷征伐や東国経営にあたった一族である。

建借間命は、『常陸国風土記』によれば「此は那賀国造の初祖なり」とある。

図82　鹿島神宮拝殿

香島郡は、六四九（大化四）年、那賀郡の五里と下総国海上国の一里をあわせて置かれた神郡である。

鹿島神宮には「鹿島立ち」という言葉が残され、鹿島の神に旅の安全を祈ってから出立したことに由来する言葉として残されており、防人の旅立ちと関係があったとされている。

また、那賀郡の大舎人部千文による「霰降り鹿島の神を祈りつつ皇御軍にわれは来にしを」の防人の歌が残されている。

鹿島神宮の中心的な大祭の一つに祭頭祭がある。祭頭祭は、原色の何色かの布を襷のように体に巻いて、二㍍ほどの樫の棒をもって隊列を組み、その棒を叩きながら併せる勇壮なお祭りで、防人の故事にちなんだ祭りとされている。

祭頭祭に見られる、勇壮な樫の棒を打ち叩きながらの行列は、この杵島曲を伝えたものではなか

図 83　鹿島神宮祭頭祭

ろうか。祭頭祭の最も古い記録は烟田《かまた》文書に残されている正平十五（一三六〇）年三月のものである。

正平十五（一三六〇）年三月、烟田遠江守時幹、畠山道誓に従て官軍を河内に攻む。津々山の當中に在り。四月祭りの頭役に当るをもって、道誓に請て帰国す。

とある。

南北朝時代に盛大に奉仕されていた祭頭祭がいつ発生したかは確かめようもないが、鹿島立ちをなぞらえた神事といい伝えられてきたことが、原色の布を襷にして、樫の棒を叩きながらの絵巻物に伝えられているような気がする。

装飾古墳は、限られた地域に集中して発見されている。それも古墳の総数からみれば、ごくわずかな〇・二㌫にすぎない。同じような表現の壁画が地域を分けて出現することはないものと考えられる。それは、最も伝統を重んじる葬送儀礼のなかで、壁画を描かねばならない特殊な氏族が存在していたものであろう。

装飾古墳の東北地方への伝播は、鹿島社への進出とオーバーラップしている。これもまったくの偶然であろうか。そのようななかで、虎塚古墳の壁画は、熊本県永安寺東古墳の円文や同千金甲一号墳に見られる三角文や同心円文との関係なしには出現しないものであろう。

七世紀の初頭に築造されたであろう虎塚古墳は東日本を代表する装飾古墳であるが、あえてその被葬者を想定すれば、優美な前方後円墳に彩色された横穴式石室に葬られたのは、多氏一族の那賀国造その人ではなかったろうか。

虎塚古墳史跡公園

住　所　ひたちなか市中根3499番地（〒312-0011）
　　　　電話 029-273-3663
位　置　ひたちなか市埋蔵文化財調査センターに隣接
公　開　春季と秋季の年２回石室公開（それぞれ８日間）
　　　　石室内部、観察室、墳丘内部などに温湿度の自動センサーを設置し、常時観測できるようにしている。石室内部温度は、16度±１度の幅で推移しており、外気温度が16度を示す、春季（４月はじめ）と、秋季（11月はじめ）の２回壁画を公開。
入館料　大人150円（120円）　小人80円（60円）
　　　　（　）内は団体（30人以上）料金
　　　　公開期日など、詳しくはひたちなか市埋蔵文化財調査センターへ

◆優美な前方後円墳の威容を見ることができる墳丘には、石室内部の温度上昇を抑えるなどの養生をかねてツツジが植えられている。周囲の松林やその他の桜など植物も繁茂しており、年中見学することが可能。近くにある十五郎穴横穴群も見学すると参考になる。

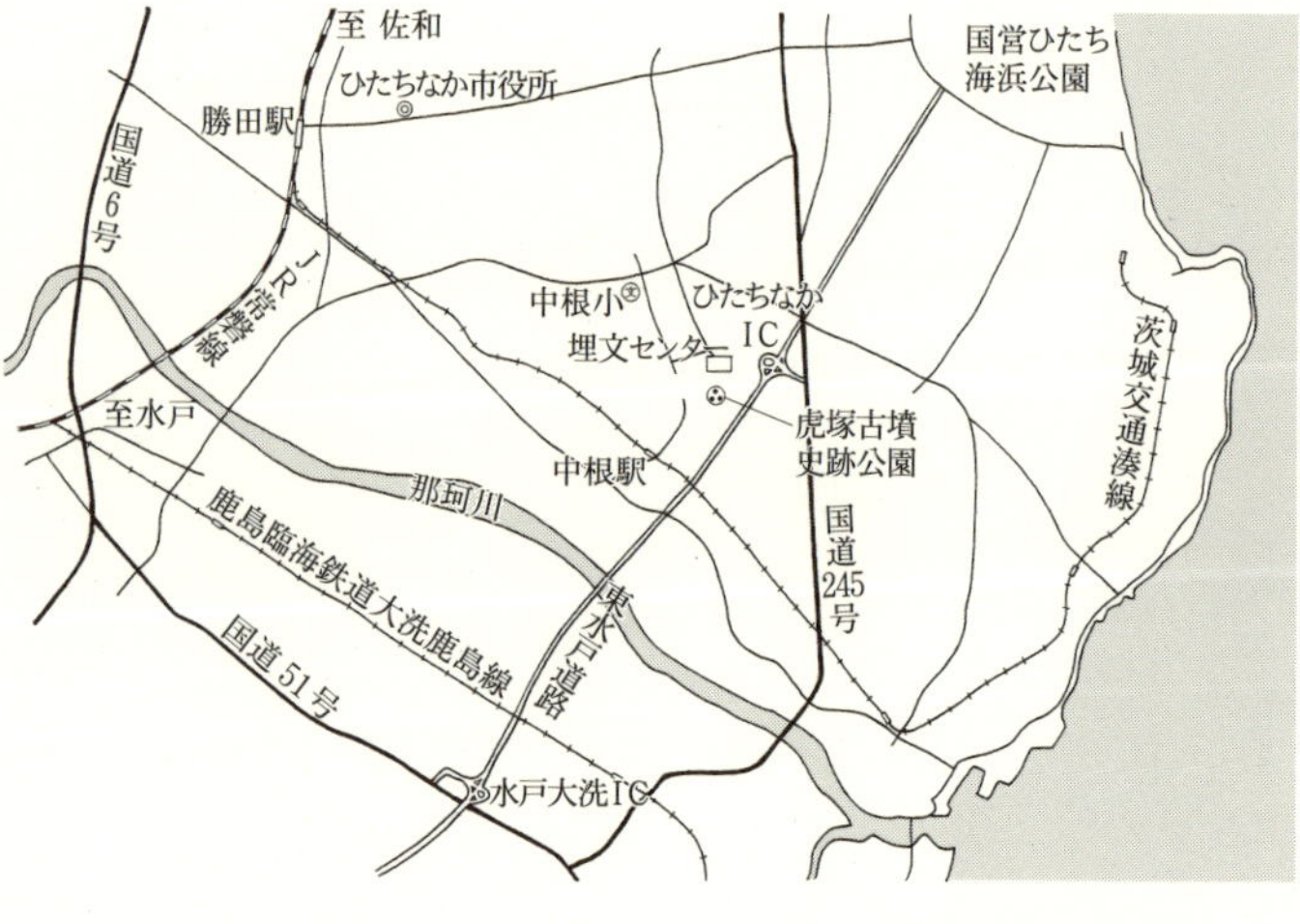

ひたちなか市埋蔵文化財調査センター

住　　所　ひたちなか市中根3499番地（〒312-0011）
　　　　　電話 029-276-8311　FAX 029-276-3699
開館時間　午前９時から午後５時まで（入館は午後４時30分まで）
休 館 日　月曜日　国民の祝日　年末年始(12月28日～１月４日)
入 観 料　無料
交　　通　茨城交通湊線「中根駅」下車徒歩20分
　　　　　ＪＲ常磐線勝田駅から車で15分
　　　　　東水戸道路ひたちなかＩ・Ｃから車で５分

◆展示内容　虎塚古墳出土遺物　虎塚古墳実物大石室レプリカ　奈良県明日香村高松塚古墳実物大石室レプリカ
その他、市内出土の旧石器時代から近世にかけての遺物を多数展示
【旧石器時代】後野遺跡出土石器群・無文土器（県指定文化財）、武田遺跡群出土資料など
【縄文時代】三反田蜆塚貝塚出土骨角器、土偶（市指定文化財）、遠原貝塚出土土器、原の寺遺跡出土隆起線文土器など
【弥生時代】狢遺跡・東中根遺跡・長岡遺跡・山の上遺跡出土弥生式土器（いずれも標識資料）、東中根遺跡出土炭化米など
【古墳時代】大平黄金塚出土乳のみ児を抱く埴輪（県指定文化財）三反田遺跡出土土師器、馬渡埴輪製作遺跡出土馬形埴輪（市指定文化財）、土師器、鉾の宮１号墳出土馬形埴輪（市指定文化財）、箱式石棺、人物埴輪群、虎塚古墳出土小大刀（市指定文化財）、磯崎東古墳出土珠文鏡、武田西塙遺跡出土わらじ状炭化物、笠谷古墳出土馬具、大平１号墳出土馬具など
【奈良・平安時代】十五郎穴横穴墓出土黒作大刀（市指定文化財）、須恵器類、原の寺瓦窯跡出土瓦類
【中世】大沼経塚群出土経櫃、経筒、沢田遺跡出土墨書石など

参考文献

乙益重隆　一九七四『古代史発掘8　装飾古墳と文様』講談社
勝田市教育委員会　一九八〇『史跡虎塚古墳』　勝田市教育委員会
勝田市教育委員会　一九八一『史跡　虎塚古墳保存整備報告書』勝田市教育委員会
勝田市教育委員会　一九八五『史跡　虎塚古墳』勝田市教育委員会
勝田市教育委員会　一九八八『虎塚古墳群第四号墳』勝田市教育委員会
勝田市史編さん委員会　一九七三『勝田市　虎塚壁画古墳　第一次発掘調査概報』勝田市史編さん委員会
勝田市史編さん委員会　一九七八『勝田市史　別編Ⅰ　虎塚壁画古墳』勝田市
川崎純徳　一九八二『茨城の装飾古墳』新風土記社
日下八光　一九七八『装飾古墳の秘密　壁画文様の謎を解く』講談社
日下八光　一九九八『東国の装飾古墳』雄山閣
国立歴史民俗博物館　一九九三『装飾古墳の世界』朝日新聞社
国立歴史民俗博物館　一九九五『装飾古墳が語るもの　古代日本人の心象風景』国立歴史民俗博物館
国立歴史民俗博物館　一九九九『国立歴史民俗博物館研究報告第八〇集　装飾古墳の諸問題』国立歴史民俗博物館
小林行雄　一九六四『装飾古墳』平凡社
斎藤忠　一九六五『日本原始美術5　古墳壁画』講談社
佐賀県立博物館　一九七三『装飾古墳の壁画　原始美術の神秘をさぐる』佐賀県立博物館
装飾古墳を守る会　一九七八『装飾古墳白書　熊本県下における保存の現状』装飾古墳を守る会
装飾古墳を守る会　一九八〇『装飾古墳白書　福岡県下における保存の現状』装飾古墳を守る会

藤井功・石山勲　一九七九『日本の原始美術10　装飾古墳』講談社
埋蔵文化財研究会　二〇〇二『装飾古墳の展開』埋蔵文化財研究会
水戸市立博物館　一九九〇『特別展　装飾古墳　地下を彩る名画の世界』水戸市立博物館
森貞次郎　一九八五『装飾古墳』教育社歴史新書　日本史四一、教育社
Tokyo National Research Institute of Cultural Properties 1984『*International Symposium on the Conservation and Restoration of Cultural Property*』

おわりに

虎塚古墳の調査が行われた一九七三年に勝田市役所に入所し、教育委員会社会教育課に配属され、以後今日まで埋蔵文化財に関わってきた私にとって、虎塚古墳の調査、保存、公開は、文化財行政の難しさを身をもって教えられたできごとであった。

電撃的な装飾壁画の発見、史跡指定、公開施設の建設、公開と続く一連の諸作業に立ち会うことができ、文化財担当者としてこれ以上の喜びはない。

一九八〇年秋の一般公開以来、年に二回の公開期間に伴う事前の点検作業ほど緊張することはない。薄暗い光の中に、見慣れた文様の壁画をこの目で確認できた安堵感は、担当者でなければ到底味わうことができない。

壁画発見以来、虎塚古墳の石室内部の見学者は十万人を超えている。公開のたびに見学に訪れる方や、現場で保存について心配の言葉をかけてくださる方々など、大勢の人々に支えられて今日まで公開が続けられている。指定地内の掃除は、地元の常盤老人会の皆さんによって、いつもきれいにされている。

ふるさとに残された貴重な文化財は、郷土の歴史と風土のなかで育まれたものであり、未来永劫にわたって残していかなければならないと考えている。

虎塚古墳の調査以来、大塚初重・小林三郎・川崎純徳・矢島國雄・黒澤浩先生には、懇篤なるご指導をいただき感謝申し上げます。石室内外の科学調査では、登石健三・新井英夫・門倉武夫・見城敏子の各先生方、また、資料の提供・校正については稲田健一・寺門知美の各氏にお世話いただいた。さらに、明治大学・ひたちなか市教育委員会文化課・ひたちなか市埋蔵文化財調査センター・鹿嶋市教育委員会には資料の提供等でお世話になりました。末筆ではありますが記して感謝申し上げます。

菊池徹夫
坂井秀弥　企画・監修「日本の遺跡」

3　虎塚古墳《とらづかこふん》

■著者略歴■

鴨志田篤二（かもしだ・とくじ）

1948年、茨城県生まれ
国立茨城工業高等専門学校機械工学科卒業
現在、ひたちなか市埋蔵文化財調査センター所長
主要著書等
　『後野遺跡』（共著）1976年
　『遠原貝塚の研究』（共著）1980年
　『君ケ台貝塚の研究』（共著）1980年
　『勝田市史　原始古代編』（共著）1981年
　『概説　水戸市史』（共著）1999年
　ほか調査報告書など多数

2005年10月10日発行

著　者　鴨志田《かもしだ》　篤二《とくじ》
発行者　山　脇　洋　亮
印刷者　㈱熊谷印刷

発行所　東京都千代田区飯田橋
4-4-8　東京中央ビル内　**（株）同成社**
TEL 03-3239-1467　振替 00140-0-20618

ISBN4-88621-333-2 C3321

シリーズ　日本の遺跡　菊池徹夫・坂井秀弥　企画・監修

【既刊】

第1巻　**西都原古墳群**　南九州屈指の大古墳群　北郷泰道著　定価一八九〇円

第2巻　**吉野ヶ里遺跡**　復元された弥生大集落　七田忠昭著　定価一八九〇円

第3巻　**虎塚古墳**　関東の彩色壁画古墳　鴨志田篤二著　定価一八九〇円

【続刊】

第4回配本　**国東六郷山と田染荘遺跡**　中世九州の寺院と荘園遺跡　櫻井成昭著

第5回配本　**瀬戸窯跡**　日本最大の窯跡群　藤澤良祐著

第6回配本　**加茂遺跡**　大型建物をもつ畿内の弥生大集落　岡野慶隆著

第7回配本　**今城塚と三島古墳群**　明らかにされる真の継体天皇陵墓　森田克行著